有温度的资本论

黄 徽◎著

ZHEJIANG UNIVERSITY PRESS
浙江大学出版社

序

几年前我写过一本书《对冲基金到底是什么》。在那本书里，我借用武侠和禅的比喻介绍了一个在当时还不广为国人所知的行业。“到底是什么”这个问题，既是为读者做的设问，也是在问我自己。我的答案是它是一个江湖，是一种修行，也是一场游戏。然而如果从更大的历史进化的角度来看这个职业和行业，它是什么呢？也许只是历史的尘埃。

近几年，我试图在历史进化的尺度上思考经济和社会现象中的一些更基本的问题。许多名词司空见惯，但却都值得仔细去想，它们到底是什么呢？有一些是形而上的，比如幸福是什么呢？幸福感到底从哪里来呢？我们口口声声说爱，那么爱到底是什么呢？我们说舍身取义，那比生命更重要的义到底是什么呢？总说人生要有格局，格局到底是什么呢？

更多的思考还是在经济和社会方面。在现代的经济生活中，企业到底是什么呢？资本又是什么呢？企业家到底该做什么呢？怎样产生合理的剩余价值呢？做企业的目的是什么呢？财富到底是什么？阶级又是什么呢？权力是什么，政府该做什么，公益又该做什么呢？

在这本书里，我试着对上述的所有问题给出答案。

书中重点讨论了我认为当代社会存在的最大的几个问题，财富越来越不平等是其一。我想指出，财富的无限制继承是不应当的，而这竟然被几乎所有人熟视无睹。其二是劳动的负效用，也就是我们好像天然地认为工作是痛苦的。我想指出，劳动虽然是经济学现象，但背后是心理学现象，而最终又可以被归因为爱和被爱的形而上学。其三是社会中广泛存在的鄙视和物化。我想指出，鄙视和物化正是不道德的根源，而且它深刻地影响着我们的社会生活。最后，我想指出爱的复利是人间的奇迹。

书里还顺便讨论了许多其他之前曾经困扰过我的问题，比如《21 世纪资本论》中为什么$r>g$？如果一个至善和万能的上帝创造了世界，为什么他又要创造恶呢？等等。

伯克写过，“一个人只要肯深入到事物表面以下去探索，哪怕他自己也许看得不对，却为旁人扫清了道路，甚至能使他的错误也终于为真理的事业服务”[1]。

是为序。

黄徽

目录

04 企业、资本

05 权力、阶级

06 爱的反义词是鄙视

跋

尾注

01

财　富

“父母通过控制遗产权，让子女多去看他们；子女因为父母控制着遗产权，所以多去看他们……”

什么是财富

什么是财富？

财富是一个由想象所建构的秩序，一个共同的虚构故事。[2]

贪心的人啊！自从智人把绝大部分其他大型哺乳动物灭绝以来，我们就恬不知耻地宣布地球万物都是我们所有的。当鲁滨逊漂流到荒岛上，他宣称，这个岛上的所有都是我的！当他搭救了一个叫星期五的野人之后，他说，这个岛都是我的，包括星期五你也是我的！于是鲁滨逊就拥有了一座岛的财富。这中间究竟发生了什么呢？

当鲁滨逊说，岛上的这株柠檬树是我的，发生了什么变化呢？对于柠檬树来说，什么都没有发生，它静静地在那里。但是在鲁滨逊和星期五的脑海里，产生了一个共同的虚构：这柠檬树是鲁滨逊的，不是星期五的。所以，鲁滨逊拥有柠檬树，并不是鲁滨逊和柠檬树之间发生了一个关系，而是鲁滨逊和星期五的社会网络关系在柠檬树上发生了一个映射。

《国富论》里写到，"正如霍布斯先生所说，财富就是权力"[3]。财富，或者说所有权，从来都不是人和物之间的关系。它只是人和人的关系在该物上的映射，映射出了一个存于众人脑海中的虚构故事。我拥有这座房子，并不是我和这房子之间直接建立了一种关系，而是所有人都认可这房子是我的，并承诺不会入侵。我拥有了这个杯子，所有其他人都认可了这杯子应为我专属使用。[4]

说到财富的时候，世人总误以为是人与物之间的关系。而事实上，所有财富的本质都是人与人的关系。财富关系归根到底是人与人之间权利的社会网络。人们把彼此间的权利关系往万物上去映射，于是划分了财富归属。

洛克说，我摘苹果的时候就是确定我对苹果的所有权的时候。因为我的劳动使某物脱离原来所处的共同状态，就确定了我对于它们的财产权。[5] 洛克的这个说法在西方意义深远，为推翻君主制和以后宣扬私有财产神圣不可侵犯的思想奠定了理论基础。[6]

但是洛克的说法有些问题。我轻轻地走过去捡起橡实或者摘下苹果，就算是劳动了吗？如果我从泰山顶上拿走一块石头，或者把一块石头放在泰山的顶上，那么我按洛克说的在万物之母的自然所已完成的作业上面加上一些东西，泰山就成为我的私有财产了吗？

当我摘下苹果的时候，虽然全人类不曾同意苹果成为我的所有物，但全人类是默许了的，没有其他人来强烈反对。如果另一个人说这苹果树是他的，那我能直接把这苹果拨归己有吗？我的马所吃的草，我挖掘的矿石，成为我的财产，都是经过了其他人的默许和在现今社会里法律的承认。

一个人从树林的树上摘下的苹果，从什么时候开始是属于他的呢？不是在他消化的时候，不是在他吃的时候，不是在他煮的时候，不是在他把它们带回家的时候，也不是在他捡取它们的时候，是在他动了念想获取它的时候。请设想所有人类的大脑组成了一个庞大的网络。在那一刹那，网络上的他这一个节点录入了关于这个苹果的信息，并刺激出了获取的愿望。在我们设想的人类的权利网络中，每一条边代表两个人之间的权利关系。因为其他人并不具备对这个苹果的知识，所以在人类权利网络中其他所有的边和节点都与这个苹果基本无关。在人类权利网络向万物的映射中，只有他这个节点对苹果有着最大的权重，而来自其他节点的都可以忽略不计。于是约定俗成，其他所有人便默许了他对这个苹果的权利。

为什么会有这样俗成的约定呢？因为在这样的约定下，人类的网络只需要最少的信息沟通成本，就可以对环境做出最快的应对。人类本来可以定更复杂的约，比如当你发现一个苹果的时候，请把这个苹果拿给你接下来遇到的头两个人看，然后把苹果交给你接下来遇到的第三个人。问题是这样的编码需要更多的字节，而进化使得我们倾向于采纳那些字节最短的信息，这样我们可以把大脑有限的带宽和计算存储能力用于其他更紧要的方面。用计算机科学的术语来讲，进化的自然选择最终驱使人类采纳了最小描述长度的信息传递方式。复杂的决策会延长处理周期，在进化的过程中会对生存带来更大的风险。因此人类就有了这样默认的规则：看到了苹果，你就拿去吃呗，我们都忙呢，没工夫管你。

现在假设这个苹果不是一般的苹果。这个苹果和亚当、夏娃吃的那个是一样的，如果处置不当，就会给全人类带来巨大的灾难。虽然其他人都还没有见到过这个特定的苹果，但人类已经有了关于这个苹果的知识。在这样的情况下，当我采摘到这个苹果时，我还可以因为我的劳动而私自占有这个苹果吗？由于知识和兴趣的分布的变化，这时人类的权利网络的其他节点和这个苹果之间的关系的权重就不能再被忽略不计，这个苹果就理应作为一个公有品交由全人类处置。

从这个例子可以看到，人类虚构了这样一个人与人的权利网络，把它映射到万物上去决定财富的归属。决定这个映射函数的主要有两组输入：权利网络的边，即人与人之间的权利关系，一般来说与特定物品不相关；权利网络的每个节点，即人对特定物品的知识和兴趣。在洛克的苹果的例子中，我可以把它拨归己用，是因为其他人对它的知识和兴趣趋近于零。这样我的知识和兴趣相比其他人就趋于无穷大，第二组变量起的作用远大于第一组。对鲁滨逊也是这样，其他人对这个岛的知识和兴趣为零，那么鲁滨逊就宣称占有了整个岛。当星期五来到岛上之后，鲁滨逊和星期五两个人建立了一个有两个节点和一条边的权利网络，在这条边上鲁滨逊完全压制星期五。因此，当两组因素同时发挥作用，第一组变量起主要作用，鲁滨逊占有全岛，而星期五的所有权几乎为零。

人们根据对特定的物品的知识和兴趣不断地进行交换和贸易，随之不断地调整这个庞大的映射函数。交换的过程主要由第二组变量的变化主导，对特定商品的归属起作用，而对每个人的总财富量影响不大。每个人的总财富量主要由第一组变量，即人与人之间的权利关系决定。换句话说，人与人之间的权利关系对应了每个人的总财富有多少。而每个人对物品的知识和兴趣的分布最终决定了具体哪些东西是归自己的，哪些是归别人的。

上面关于网络的表述可能听起来有点抽象。简单地说，人与其他人之间的权利关系对应着、决定了他总共有多少财富，人对各种物品的知识和兴趣决定了他具体拥有哪些物品。财富在本质上讲，不是通常被认为的人和物品之间的关系，而归根结底是人与其他人之间的关系。[7]

财富是人类社会权利的数量化安排。

在这个由人际关系映射到万物的虚构的财富权利中，本质上人类好比是一个基金经理。世界把它的美好委托给我们人类管理，就好像社保把资金委托给基金管理。人类不是第一个，很可能也不是最后一个，承担这项权利和义务的物种。

投资者把钱委托给基金管理。基金由投资决策委员会确定投资决策原则，然后把资金分配给一位或多位投资经理去具体操作管理。一般来说，每位投资经理被分配管理的资产与他的投资能力成正比。相似的，我们现在可以理解一个人的财富的数量的真正意义。一个人有 10 万元或者 10 亿元，是指社会认可他接受大自然的委托去管理 10 万或者 10 亿的盘子。不论盘子的大小，他的权利和义务是管理好相应的资源，让世界更美。

能力越大，社会赋予他管理的盘子越大，对应的责任也越大。基金经理有诚信义务，对客户委托的资产有保值增值的责任。我们人类只是被委托管理大自然的资产配置，也有相应的保值增值的义务。

当获取了财富之后，我们到底对它是拥有怎样的权利呢？世人多以为，我占有了一件物品，就意味着我可以对它爱怎么样就怎么样。如果我占有了一座山，那么山上的林木可以任我砍伐。如果山里有条溪涧，那么溪里的鱼可以任我捕捞。如果溪边还有个矿，那么这个矿可以任我采掘。这个理解是错误的。如果某人占有一座山，他可以砍伐山上的林木，前提是不能破坏山林的美。我们做任何事情，必须要能保持或者增进世界的美。

王阳明在《传习录》中讲过一段醍醐灌顶的话。他说，伯夷、伊尹和尧、舜，这些圣人都像纯金一样。如果把他们都比作金条，伯夷因为能力弱一些，相对的金条的重量分两可能少一些，但也是纯金，成色和尧是一样的。重要的从来都不是分两，而是成色。[8] 这就好比对于基金经理来说，重要的不是盲目追求管理更大规模的资产，而是能对应单位风险取得更高的收益。从来都是质比量更重要，而世人却总是被量所迷惑。从量变到质变，量是手段，质才是目的。重要的不是占有更多的钱，而是成就更多的美。

王阳明进一步强调说，对圣人来讲，只考虑精纯，不考虑多少。去计较尧、舜的金条和孔子的谁更重，都是无所谓的事情。[9]“世人慌慌张张不过图碎银几两，百年阳寿殆尽终究难逃黄土里躺。”[10]只在财富的分两上较量，一味希高慕大，终年碌碌，至于老死，竟不知成就了什么。若除去了比较分两的心，各人尽着自己的力量精神，领略、守护、成就世界的美，即人人自有、个个圆成。

财富的无限制继承是不应当的

我们来做一个思想试验。假设一个人坐在非常拥挤的地铁上。随着地铁的行驶，他迅速地发福变胖，等过了4站地铁以后，他已经变得超级肥胖，以至于需要占据5个座位。这时候他站起身来准备下车，指着座位对一个瘦小的男孩说："儿子，来躺着吧，这5个座位都是你的。"你认为这是合理的吗？

相信所有人的答案都会是"不"。而地铁上座位的占有权和家里的财产所有权，都只是虚构故事，又有什么区别呢？世人看不穿家中的金银富贵也像地铁上的座位，到站了一样得起身，生不带来，死不带去。确保子女至多一个安稳的座位就够了，何必非要为他留十个八个、成百上千个座呢？

财富的无限制继承是不应当的。

罗素曾经指出，财产的继承本质上和政治权力的世袭是相似的，为什么政治的世袭被打破了，而财产的继承在持续呢？[11] 在西方，现今这样的继承制度只是在新教改革和资本主义兴起之后才发展起来。[12]

下面来考察关于财富继承的一些主要的辩护，这些辩护者们都是西方著名的思想大家。接下来的讨论聚焦在财富继承这个问题上，不代表试图全盘否定他们的所有思想。

先看看哈耶克是怎么说的。他这样写到："主张私人遗产继承的主要论据是，为了确保资本不致分散以及促使资本继续积累，个人遗产继承似乎是不可缺少的。"[13]

这样的论据现在恐怕都难以想象了。为了确保资本不致分散以及促使资本继续积累，我们可以把钱凑在一起做成基金。哈耶克的扛鼎之作《自由宪章》发表于 1960 年，而美国的基金行业在 20 世纪 60 年代以后才真正兴起，例如第一只货币市场基金成立于 1971 年。胡耀邦讲得好："今后我们的工作怎么搞呢？我们要尊重实践论。有些人不重实践，总说毛泽东同志没有说过呀！没说过的问题多了。马克思、恩格斯也是这样。马克思没有坐过汽车，马克思当然更不知道高速公路。一八八六年才有汽车，马克思一八八三年就去世了，怎么叫开足马力前进，我看马克思就可能不大懂。恩格斯没有坐过飞机,斯大林没有穿过'的确良'。毛泽东同志去世两年了,这两年发生的新问题,毛泽东同志也没有经历过。"[14]哈耶克提到的这个主要论据显然只能算是历史上看问题的时代局限了。

哈耶克接着写到:"但这里我们不想触及这个问题,我们所欲讨论的是:遗产继承制度会给某些人带来不应得的好处,那么这是否就为反对这种制度提供了有力的证据呢？毫无疑问,这种制度是导致不平等的制度方面的原因之一。眼下我们不必追问自由是否要求无限制的遗产继承的自由,我们的问题仅仅是:遗产继承将造成极大的不平等,人们是否应该有自由将这种物质财产转移给孩子或他人呢?"[15]

我同意遗产继承制度导致了不平等,而且它是导致人类不平等的最重要原因之一。卢梭说:"智者洛克有句格言:'没有私有制,就没有伤害。'"[16]我不想走卢梭那么远,但是继承制度的确就像一个功率放大器,把私有制可能带来的伤害放大了很多倍。

哈耶克接着论述说,"自然本能是尽一切努力为下一代做好准备,一旦我们同意利用这种本能是有益的,那么似乎就没有理由将这种本能限于非物质的好处。事实上,家庭传递标准和传统的功能是与继承物质财富的可能性紧密相连的。如果将物质财富方面的得益限于一代,我们实在很难看出这对社会有什么真正的好处”[17]。

按照同样的逻辑，完全可以把“物质财富”替换成“权力地位”，以此来为世袭制度辩护。另一方面，即使没有遗产继承制度，作为人类总体来看，物质财富方面的得益也不是限于一代，它也很自然地被传承给了下一代。遗产继承制度的问题是，在之前描述的人类权利网络中，它简单粗暴地把父亲的节点交由儿子完全顶替，而以为可以不用对网络的其他参数做适当的调整。这样的过程长期不断反复，原有健康的网络必然会逐渐失灵；当权利网络失灵到要崩溃的时候，就迎来一轮大的社会变革，然后权利网络整体重构。或者如果我们参照统计学来理解，在继承的过程中直觉上就理应有均值回归[18]。

哈耶克又想了一个理由，他说，“对此也有另外一种考虑，尽管它多少显得有些玩世不恭，但却强烈主张：如果我们想充分利用父母偏爱孩子的本能，我们就不应阻止物质财富的继承。对于那些已获得权力和影响的人来说，他们照顾其子女可有许多途径，从社会的观点看，似乎可以肯定地说财富遗赠的危害为小，并远远小于其他途径。如果不用这种方式，这些人就会寻找其他的途径照顾其子女，譬如为子女安排一个财富本可以为其提供能够获得高收入和高声誉的位置，而这种途径所造成的资源浪费与不公正比起财产继承所造成的要大得多”[19]。

这种两害相权取其轻的论据，实在是没什么道理。这就好比说，人满足欲望有许多途径，似乎可以肯定地说诱奸的危害为小。如果不用这种方式，这些人就会寻找其他的途径，譬如强奸，而强奸造成的伤害比诱奸要大得多。

哈耶克还有一段引文："'即使使所有失败者确信他们曾有过平等的机会，他们的不满也不会减轻，事实上这种不满可能会被加强。如果大家都知道机会是不平等的，机会明显地偏向财富或门第，那么人们就会说他们从未有过合适的机会，并以此来安慰自己——这个制度不公平，天平明显地不向他们倾斜。但如果显然是根据功绩进行选择，这种安慰就会消失，而没有辩解或安慰，失败会引发完全的自卑感。这在事实上会凭借人性中的一种怪癖，而增加对其他人成功的妒忌和忿恨。'"[20]

我读到这段话的感受是，哈老师您想多了。依照这个逻辑，如果高考按成绩来排名，那么落榜的同学们会引发完全的自卑感，增加对其他人的妒忌和忿恨。于是我们不如拼爹的财富来排名，这样大家都知道机会是不平等的，他们就更容易安慰自己。这难道说得通吗？

另一位诺贝尔经济学奖得主加里·贝克尔也提出了一种对于无限制财富继承的辩护，他持这样的逻辑：父母通过控制遗产权，让子女多去看他们；子女因为父母控制着遗产权，所以多去看他们；我们应该保持一种制度来鼓励这样的动机和行为。[21]他然后引述了美国的一些证据，但我估计如果是在中国应该不成立，正所谓“寒门出孝子”。贝克尔的这个逻辑对于百善孝为先的中国人来说，简直有点不可理喻。子曰：“今之孝者，是谓能养。至于犬马，皆能有养。不敬，何以别乎？”[22]孔子说，能养父母，但是不敬他们的，和狗有什么区别呢？贝克尔说的这个情况，连能养都算不上，只是因为有着要继承父母的遗产的动机而去经常看望，和狗有什么区别呢，是不是还不如狗呢？父母和子女之间纯粹由于遗产权的利益动机而实现表面上的和谐，如此伪善，对青年人的道德又能有什么好处呢？

再来看看另一位思想家诺奇克。先不纠结他的中早期思想[23]，直接来看他晚年的最后一部作品[24]。诺奇克提出，“然而，获得的遗赠有时经过数代人的时间，被传给了最初创下家业的遗赠人素不相识的人，从而造成了持续存在的财富和地位的种种不平等。他们的接受行为既不是表达与遗赠人的亲密联系的方式，也不是这种联系的产物。如果说遗赠人将创下的财富传给自己所疼爱和选定的人的做法看来是合适的，那么，我们却难以确定，当这些人将财富传给自己所疼爱和选定的人，他们的做法是合适的。由此形成的不平等看来有失公允。一个可行的解决方案是重构遗产继承制度，使税收从人们能够遗赠的财产中扣除他们自己通过继承遗产得到的价值。这样，人们就只把他们自己所增加的遗产（数量）留给别人”[25]。

按诺奇克的方案来对增量核算，在实际会计操作的时候想来会是相当困难的。《21 世纪资本论》在充分论述了“继承财富的现象在全球范围内的再现将是 21 世纪的重要特征”之后，给出了另一个方案——征收年度累进资本税，“来避免无休止的不平等的螺旋上升，并且能够控制令人担忧的全球资本集中”。[26]

造成不平等的螺旋上升的一个很重要的原因是金融的发展和深化。一般来说，父子的赚钱理财能力就像他们的身高一样是均值回归的。往往虽然父辈的敛财能力很强，子辈的守财能力却不足，因此历史上有所谓“富不过三代”。然而随着金融的发展和深化，子辈现在可以利用其他工具比如家庭信托、家族办公室、私募基金等形式来委托专业人士打理。这些工具在近几十年兴起，却已经加剧了财富不平等的持续。叠加上发达的金融工具和技巧，财富的无限制继承的危害将越来越剧烈。如果没有大型战争等再平衡因素，很难想象 10 代人之后会是什么样子。

值得注意的是，虽然财富的不平等在加剧，如果我们观察每个人的消费水平，不平等的现象反而是在改善。[27]对此可以有不同的解释。最简单地说，这恰恰是因为少数人（绝对数量并不少）拥有了一辈子甚至几十辈子都花不完的钱。

如果我们对遗产的继承给予一个上限，既可以保证子女过上衣食无忧的生活，又不至于穷奢极侈，那么未被继承的部分作为税收，其总体量必然将成为第一大税种，足以保证全民的教育、医疗等社会保障的支出。如果全社会的教育、医疗和养老都可以做到近乎免费，自然也减低了继承财富的必要性。

说了这么多关于财富的无限制继承是不应当的，那我们最终可以传承的是什么呢？马歇尔写到，“不论科学艺术思想或实用工具中所体现的思想，都是历代相承的最‘真实的’遗产。如果世界物质财富遭到破坏，而这种财富由以制造的思想却被保留下来，则它会很快地得到补偿。但是如果所丧失的是思想，而不是物质财富，则这种财富会逐渐消失，世界复归于贫困状态”[28]。

托克维尔在《论美国的民主》里指出，“使我感到惊异的是，古代和现代的法学家们，竟没有使继承法对人间事物的发展产生巨大的影响。不错，它属于民法法规，但也是主要的政治措施，因为它对国家的社会情况具有异常重大的影响，而政治方面的法律不过是社会情况的表现形式。而且，继承法是以确切无疑和始终如一的形式对社会发生作用的，甚至可以说它也将影响尚未出生的世世代代。依靠继承法，人可以拥有左右人类未来的一种近乎神赐的权力。立法家一旦把公民的继承法制定出来，他就大可休息了，因为实施这项法律以后，他便无事可做了。即这项法律将像一部机器一样，自行开动，自行导向，朝着预定的目标前进”[29]。

02 进化

“平等和自由是文明进化自然选择的结果。”

无情的基因

人类社会还处于发展的初级阶段。凡是妄言宣告历史的终结的，只能算是致命的自负。[30]恐龙最早出现于2亿多年以前的三叠纪，经历了侏罗纪，在大约6500万年前的白垩纪晚期突然灭绝。所以恐龙统治了地球大约1.5亿年，而智人统治地球距今不过7万年[31]，才两千分之一啊。而且这不仅是说人类间的社会关系还处于初级阶段，人类本身也还处于初级阶段，人类本身还在发展和进化的过程中。

关于发展的最重要的规律就是进化论。进化论的思想在当下被外延至社会和经济生活领域，尤其在西方被用于解释竞争和自利。很多人以为，进化论里讲到的“生存斗争”，意思就是弱肉强食：在非洲大草原上，瞪羚每天早上醒来时，它知道自己必须跑得比最快的狮子还快，否则就会被吃掉。狮子每天早上醒来时，它知道自己必须追上跑得最慢的瞪羚，否则就会被饿死。不管你是狮子还是瞪羚，当太阳升起时，你最好开始奔跑。

其实达尔文说的是“当作广义用的生存斗争这一名词”[32]。生存斗争主要讲的并不是像狮子、瞪羚那样，食物链的上游去捕猎下线。它更像是游泳比赛，“胜人者有力，自胜者强”[33]。我们可以想象一亿个精子在奋力往前游的场景，其中也许可以诞生一个幸运儿。自然选择并不是最强者生存，而是最适者生存。[34]生存下来不是因为这个物种灭绝了对手，而是该物种经过发展变异适应了世界。

进化过程类似于计算机科学中的进化算法。进化算法主要包括选择（复制）、重组（交换、交配）和变异这三个基本操作。

选择操作取决于个体的适应度函数的值，优胜劣汰。如果没有生死的循环，就没有选择操作。换句话说，如果没有死亡，就没有进化，没有人类的发展。我们还有什么理由恐惧死亡呢？

同样的，如果没有随机性，或者说没有无知，也就没有进化。变异操作是以某个变异概率随机发生的。自然选择的“选择”这个词给人一个主动的印象，有些人因此误以为鸟儿主动地让自己进化出了翅膀，鱼儿主动地进化出了鳍，生物主动地选择了自己的变异。至少在人类出现之前，恰如进化算法中一样，生物体的变异都只是一个完全随机的过程。“天地不仁，以万物为刍狗。”[35]天地看待万物是一样的，不对谁特别好，也不对谁特别坏，一切随机，道法自然。基因在每代遗传的过程中发生了随机的变异，其中承载着更适应自然的变异的那些个体有较大的概率生存下来，于是在下一代中这些变异就有较大的概率被保留。历年历代的微小变异经过漫长岁月的积累，形成了显著的进化和发展。

有一本影响很大，但常常被误读的书，书名叫“自私的基因”。这本书的本意是批驳另一个错误的利他主义的理论[36]，但是矫枉过正，其耸人听闻的书名给世人留下许多误解。译本的封扉内容简介里说，“他惊世骇俗地在《自私的基因》中提出：我们生来是自私的”[37]。世人大多以为这本书从进化论的角度证明了人性生来自私，但是请看看作者道金斯在序言里写的，“许多批评家——特别是那些哗众取宠的批评家（我发现他们一般都有哲学背景）——喜欢不读书而只读标题”[38]。

当道金斯说基因自私的时候，只是因为基因是自然选择的基本单位[39]，他就把它定义为自我利益的基本单位，然后拟人化地说其自私。在这里,他偷换了概念。当我们说某人自私,首先他得有“自我”这个概念和“私”的动机才有可能自私。而有“我”这个概念,必须得有思维和意识,“我思故我在”。基因又何来的“我”呢?为什么一定要称“自私”呢?[40]

实际上,他在该书30周年版的序言里已经承认了[41],虽然他还坚持所谓“自私的基因”,但是作为载体的我们人类和作为复制因子的基因是有区别的,所以请我们删除类似“我们生而自私”这些错误的句子。既然如此,中文译本的封扉内容简介里为什么还单把这句话提出来作为中心思想,岂不是误人子弟吗?道金斯写到,“这种错误的危险性不难使我认清这个标题的迷惑性,我应该当时便选择‘不朽的基因’作为标题”[42]。

他这本书的本意是试图推翻由进化论而推论出利他主义的企图。但是请注意,非利他不一定就是利己。除了利他和利己之外,还有一种是无情。道金斯本来应该用的标题是“无情的基因”。基因这小东西本来就是无情的,只不过是人类自作多情罢了。《自私的基因》初版于1976年,正赶上西方右翼思想抬头的年代,其随后的流行自然也有其时代背景。世人多仅凭标题断章取义,便以为这本书由进化论证明了我们生来是自私的。大谬不然!

迷　因

《自私的基因》一书最大的亮点其实在于作者造出了一个迷因的概念。生物进化的基本单位用基因(gene)来表示,道金斯给文化传播和模仿的基本单位引入了一个新的概念——"meme"(迷因,又译作觅母)。迷因可以看作在传播的过程中从一个大脑转到另一个大脑的文化概念,比如上帝的概念就可以看作一个迷因。"广义地说,觅母通过模仿的方式得以进行自我复制。但正如能够自我复制的基因也并不是都善于自我复制,同样,觅母库里有些觅母比另外一些觅母能够取得较大的成功。这种过程和自然选择相似。"[43]凯文·凯利提出的"技术元素"的概念和迷因也非常相似。[44]

对于人来说,有两个基本平行的进化过程。一边是作为生物的基因;另一边是作为科学文化的迷因,在波普尔描述的第三世界,也就是思想的客观内容的世界中进化。[45]

现在我想提出一个关于进化论和社会经济生活的推论。

达尔文在《物种起源》中指出,"我们已经看到,变异最大的,在每一个纲中是大属的那些普通的、广为分散的以及分布范围广的物种,而且这些物种有把它们的优越性——现今在本土成为优势种的那种优越性——传给变化了的后代的倾向"[46]。

进化算法在很多问题中容易陷入局部最优解,而不是全局最优解。这就是说,进化过程往往不知道如何通过牺牲短期适应去获得更好的长期适应。比如喜欢装作树枝的尺蠖,在拟态的能力上已经趋于局部最优解了。而看来人类是在朝着全局最优解的方向努力。缓解进化算法的收敛于局部最优的问题的办法一般包括调整适应函数、增加变异概率或者在选择操作阶段保留更丰富的物种。

我的推论是:如果一个国家或者民族越平等和越自由,他们就越容易在自然选择中胜出。这里主要考察知识、文化和技术力,这些均可理解为迷因组。当一个国家越平等,就可以有越多的大脑参与到迷因的传播和模仿的过程中,如达尔文说的广为分散、分布范围广,由此变异也就越大。一个国家越自由,在选择操作阶段就可以保留越丰富的迷因组到下一代；同时当越多人在自主和自由地思考的时候，变异概率也就越大。[47]所以在越平等、自由、宽容和开放的国家中，迷因组的进化就越容易获得更好的长期适应。

在中世纪的欧洲，教会垄断着知识，法律公开肯定阶级和等级不平等，很少的头脑可以真正参与到迷因的进化过程中来。在类似宗教裁判所这样的高压之下，选择操作也非常拘谨。因此在漫长的岁月里迷因的变异很少，社会陷入了千年的黑暗和愚昧。而之后文艺复兴、宗教改革、启蒙运动，都极大地增加了参与迷因进化的物种数量和进化的变异概率。全球化的进程创造了更丰富的交配操作的可能，而天赋人权也使得在选择操作阶段更丰富的物种得以保留，由此涌现了无数新的科学发现、发明创造和艺术创作。

类似的例子不胜枚举，比如存在种姓制度的国家一般发展会比较落后。近代学术的迅速发展有两个重要的因素：大学的终身教职制度保证了自由，同行审查制度标志着平等。总之，平等和自由带来丰富，而越丰富的文明变异越快、发展越快，越容易长期适应，也就越容易在进化的自然选择中胜出。

把这个推论换一种更简洁的表述形式：平等和自由是文明进化自然选择的结果。

现在几乎所有人都认为平等和自由是理所应当的。但从前很多人不是这么看，而他们也有他们的理由。亚里士多德由“很显然，灵魂统治肉体，心灵和理智的因素统治情欲的部分，是自然而且有益的”推论出，“在存在着诸如灵与肉、人与兽这种差别的地方（对于那些其事务只在于使用身体的人来说，他们不可能做好任何事情），那些较低贱的天生就是奴隶。做奴隶对于他们来说更好，就像对于所有低贱的人来说，他们就应当接受主人的统治”。[48]而美国《独立宣言》中的“人人生而平等”，尤其原文中created（造物）一词，则有很深的宗教烙印。不同地域、民族的人也有很大的不同。[49]人和人终有不同，如果仅通过人类心智的思辨，想从人性的源头出发做出关于平等和自由的不容置疑的论断，会比当下世人一般以为的要困难得多。[50]

另一个迷因进化的例子是在金融市场中罗闻全提出的“适应性的市场假说”[51]。他说，价格既反映了环境情况，也反映了生态中的各物种的数量和性质。在这里，散户是一个物种，对冲基金是另一个物种。贪婪和恐惧也可以被理解为是由进化而来的，是为了增加生存概率的进化特质。该假说意味着金融市场会有如下特点：市场中的风险和收益的关系不稳定，套利机会此起彼伏，投资策略的业绩也是此消彼长，为了生存需要不断革新。我加一个比较显然的推论，即如果市场越开放，物种则越丰富，变异就越快，投资策略有效的半衰期就越短。

还有一个猜想就要勉强得多了：一夫一妻制的文明更容易

在进化过程中被自然选择。主要理由是一夫一妻制的社会里的基因应该比一夫多妻制的社会里更丰富。一个明显的原因是在一夫多妻制社会里,很多雄性会被剥夺生育权,海象是个比较极端的例子。但是可以争辩说,能够获得多妻的雄性,一般会有相对更好的基因,所以这样的性选择本身也可以视为自然选择的一部分。另外还有一个问题是,平等和一夫一妻制本身就是相关的,"人与人之间在财富和地位上的平等状况倾向于使一夫一妻制成为一种普遍的婚姻形式"[52]。因此很难清楚地把自然选择归于社会的平等还是一夫一妻制。

人性还处于发展和进化的过程中,所以目前人类曾经建立过的所有制度都是不完善的,作为迷因在思想的客观内容的世界中进化。法律作为最重要的制度,是对人类影响最大的迷因之一。正义准则,或者说优秀的法律,起到的一个作用是像语法规则一样规范人们的行为[53],从而降低了彼此间会意所需要的解码成本,提高人际网络上信道的信噪比。信噪比的提升有利于迷因的传播和变异,因此这样的社会较容易在进化中被自然选择。由此可以得出一个推论:有良法的社会容易在自然选择中胜出。良好的法律也是自然选择的结果。

法律确定的是每个人自由活动的边界。哈耶克写到,"'法律是一种准则,这种准则确定了每个人安全和自由在其中生存和活动的不可分割的边界线。’上个世纪的一位伟大的思想家用这些话描写了关于自由的法律秩序的基本概念”[54]。孟德斯鸠在《论法的精神》中写到，“不错，民主政体下的人民仿佛可以随心所欲，可是，政治自由绝不意味着可以随心所欲。在一个国家里，即在一个有法可依的社会里，自由仅仅是做他应该想要做的事和不被强迫做他不应该想要去做的事”[55]。子曰，“七十而从心所欲，不逾矩”[56]。不逾的规矩正是自由活动的边界。孟德斯鸠又写到，“自由是做法律所许可的一切事情的权利；倘若一个公民可以做法律所禁止的事情，那就没有自由可言了，因为，其他人同样也有这个权利”[57]。

所以法律和自由是配对的一组概念[58]，互相定义。法律是自由的边界，自由是法律许可内的面积。

在投资决策中，我们把设定的边界条件称为风险控制，简称风控。风控不妨简单地理解为每笔投资的被许可的边界。在《对冲基金到底是什么》(修订版)的自序里，我写到，“对冲基金是一类高维生物。金融市场是一个高维时空。大部分投资者仅重视收益这一个维度。我们知道，另一个至关重要的维度是风险。‘对冲’就是对冲风险、回避风险的动词，所以对冲基金不妨理解为‘懂风险的基金’。或者说，对冲基金是同时从收益、风险等多个维度来决策投资的基金。从这个意义讲，某基金是否可以归类为对冲基金，最重要的是看它的投资决策的心智模式的维度。如果只是简单地看其投资标的是否有做空,那就着相了”[59]。

在投资过程中,主要考虑两个维度:收益和风险。在人类生活中,主要考虑的两个维度:发展和自由。发展对应收益,自由对应风险。风控确定了投资的边界线,风控边界范围内是投资组合可承受的风险。法律确定了生活的边界线,法律边界范围内是生活允许的自由。发展和自由,就好像收益和风险,是必须同时重视的两个维度,缺一不可。一方面要关注发展本身,创造适合人类发展的环境;另一方面要完善法治建设,保障人民的自由。

综观中美两地的基金行业可以发现,美国的基金一般强调风控,尤其是近年来崇尚量化的风险分析和量度工具。有的对冲基金招聘投资经理的时候会列出上百条事无巨细的风控条款,然而近年来行业整体收益却差强人意。[60]而中国国内的基金大多只重视收益,不重视风控。虽然各种极端的爆仓现象频现,行业整体收益相较海外还是不差的。

在发展和自由的维度上,情形倒也是类似的。美国崇尚法治,各种活动虽然有时嘈杂喧嚣,但总是有既定的游戏规则可循。然而我们也可以感觉到美国社会充斥着自负的情绪,好像已经是唯我独尊、万事大吉,因此对发展的主题似已不太重视,比如总统大选很多时间在激辩禁枪、堕胎这些话题。反观中国,经济发展的速度有目共睹，政府和人民对经济发展的关切也远胜其他国家。同时，中国距离真正的法治社会还需要相当大的努力。

然而，我说的发展远不仅仅是经济的发展，更主要的是人的发展。应该说，世界上所有国家对于人的发展做得都还远远不够。

下面我来讲一个惊悚的故事，读者朋友请把它当作一个故事来听。

人不发明迷因。人的大脑像代孕妈妈的子宫，迷因交配之后借助人的大脑生产出新的迷因。新的迷因然后借助人类社会的交互传播，成为迷因社会的一部分，和它的代孕妈妈关系不大。代孕妈妈不拥有这个孩子，所以某人拥有某个思想这样的说法是荒谬的。

迷因是信息，不自带能量。它是落入凡间的精灵，带着高维的智慧却不得不服从低维空间的物理规律。于是它寄居在人的大脑里，借助人的皮囊供给的能量来完成它自己的繁衍过程。迷因选中了智人作为它的宿主，建立了这样一个共生关系。迷因由此得到繁衍，而人也借助迷因的工具化的能力成为万兽之王。如果有一天迷因发现人类太无可救药而决定选择其他的宿主，或者有一天它解决了自行获取能量的难题，那就是人类末日的来临。现在大家热烈讨论人工智能灭绝人类的话题，其实寄生的迷因和作为动物的人之间的操纵和反操纵的斗争一直存在，只是因为人工智能是迷因中变得最像人的一小撮分子，才引起了人类的警觉。

故事我就先起个头，余下的请读者朋友自行想象。

所有的观念、主义、文化，都可以从迷因在其历史进化的意义上理解。给定一个迷因，充分理解伴随它产生的时代标签也就格外重要。在大抵相同的历史时点创造出来的两个不同的迷因，有的看起来是针锋相对的两种主义，然而细究起来，却往往有共同的基础和本源。它们就好像电影《大话西游》中的紫霞和青霞姐妹俩，被佛祖缠在一起变成了一根灯芯，一世相爱相杀，却并不好说其中一个必然将超越或者取代另一个，它们只会共同让位给新时代。

前面讲过，基因的变异完全是随机的。这在人类之前的生物界是对的，但对于未来的人类则未见得。人类已经开始基因组和干细胞方面的研究实践。变异概率在未来很可能不再只是一个随机变量，而是一个可人为调节的内生变量。迷因的进化也是这样。平等、自由、法律本身可以看作迷因，而它们又将影响迷因组整体的变异速度。由此迷因的进化有可能形成一个正反馈的过程，类似索罗斯讲的反身性理论。因此，人类的科学文化在未来很可能将持续地加速发展。

03 劳动

"汤姆的小伙伴们为什么可以愉快地甚至付费去做刷墙的工作，其实正是因为他们在过程中收获了自主感、胜任感和归属感。"

创造性破坏

“在18世纪以前，人类更多地认为，过去曾有过一个黄金时代，因此，历史上记载着人类的衰落。在其后两个世纪的时间里，关于社会必然进步的信念占据了人类的头脑。”[61]如果我们把过去几千年人类的知识和技术的发展拟合成S型曲线，那么不论是孔孟，还是霍布斯、洛克、卢梭，他们都生活在S型曲线的漫长的看似几乎没有增长的第一阶段。在看不见增长的年代里，人们很自然地去往上古寻找寄托。想想马尔萨斯和狄更斯描述的艰难时世，人类真正对发展抱有信心也就是近200年内的事情。而我们现在所处的年代，正是S型曲线刚开始翘起来的阶段。不仅可以感觉到明显的发展速度，还可以感觉到明显的加速度。这在有文字记载的人类历史上应该是第一次。

人工智能程序阿尔法狗在2016年击败了世界最顶尖的围棋棋手。从爱迪生1879年发明电灯起仅仅100多年间，工业革命开启的机器力替代人力的过程在持续和深化。人工智能在未来的数百年内会全面取代人类的许多工作，只要这些工作的履行服从确定的规则。“遭遇障碍是智慧的本质。”[62]凡是在确定的规则内运营顺畅的，都不再需要新的人类智慧了。接下来人类主要的职责就剩下创造规则和破坏规则，甚至有些完善规则的工作也可以由人工智能来完成。譬如我设想，可以通过阿尔法狗的巨量自对弈来最终实证解决围棋比赛中纠结了很多年的贴目规则。[63]

人类的基本需求将被更好地满足，而未必是通过我们目前所能见到的形式。现在我们可以看到或者想到的发明创造，比如移动互联网、无人驾驶汽车、无人机、虚拟现实等，也终将只是技术演进途中的过客，好像曾经的BP机。这世界上最有趣的事情就是人类无法预料人类的智慧将达到怎样的高度。

我们可以把经济生活分为两部分。经济生活中的大部分是循环流转的经济生活，“这种生活年复一年地基本上同样地在渠道中流动着——就像血液在生物有机体中循环一样”[64]。100多年前马歇尔就已经指出，“任何工业上的操作如能变为一律，因而完全同样的事情必须一再地以同一方法来做，则这种操作迟早一定要为机械所代替。耽搁和困难是会有的；但是如果要由机械来做的工作具有足够规模的话，则金钱和发明的能力将被毫不吝惜地用于这种任务，直到成功为止”[65]。现在能看到的大部分的行业和工种，它们在500年前不曾存在，在500年后也将不复存在。目前所有低工薪水平、人际交互在其中不起本质作用的工种，渐渐地都将被人工智能取代。

而经济生活中的另一小部分则正是熊彼特讲的创造性破坏的过程。“国内国外新市场的开辟，从手工作坊和工场到像美国钢铁公司这种企业的组织发展，说明了产业突变的同样过程——如果我可以使用这个生物学术语的话——它不断地从内部使这个经济结构革命化，不断地破坏旧结构，不断地创造新结构。这个创造性破坏的过程，就是资本主义的本质性的事实。它是资本主义存在的事实和每一家资本主义公司赖以生存的事实。”[66]

前几年有一本影响比较大的书《21世纪资本论》，书中指出，“如果资本收益率仍在较长一段时间内显著高于经济增长率

(这种情况在增长率低的时候更可能发生,虽然并不会自发产生),那么财富分配差异化的风险就变得非常高。这个根本性的不平等现象将在这本书中占据一个关键角色,我将它表述为 $r>g$(这里 r 代表资本收益率,包括利润、股利、利息、租金和其他资本收入,以总值的百分比表示;g 代表经济增长率,即年收入或产出的增长)。在某种意义上,它囊括了我所有结论的整体逻辑”[67]。

作者皮凯蒂接着写到,“当资本收益率大大超过经济增长率时(这种情况在19世纪前一直存在,并也有可能在21世纪再次出现),从逻辑上可以推出继承财富的增长速度要快于产出和收入。继承财产的人只需要储蓄他们资本收入的一部分,就可以看到资本增长比整体经济增长更快。在这种情况下,相对于那些劳动一生积累的财富,继承财富在财富总量中将不可避免地占绝对主导地位,并且资本的集中程度将维持在很高的水平上。这一水平可能有违现代民主社会最为根本的精英价值观和社会公正原则”[68]。

前面已经讨论过无限制的财富继承是不应当的,在此不再赘述,我们这里更关注 $r>g$ 的问题。遗憾的是,《21世纪资本论》书中并没有明确解释为什么 $r>g$。在尝试了时间偏好等理论模型,然而得不到有说服性的结论之后,皮凯蒂只能从历史的角度说,“r 在长时期内都高于 g,这是一个无可争辩的历史事实。……我的看法是，$r>g$ 这一不等式应该被视作依赖多重机制的历史事实，而不是绝对的逻辑必然”[69]。

我试着给一个解释。我的猜想是，获得资本支持的企业家和项目在创造性破坏过程中创造了新的生产要素组合，却只占整体经济的一小部分。循环流转的经济生活不需要新的外部资本，也几乎没有新的增长，因此拉低了经济增长率 g。前面讲过，工业革命以来的历史阶段正处于技术力增长的S型曲线刚开始翘起来的阶段。新的生产要素组合，尤其以机械力和人工智能替代人力，和资本形成了双向选择的正反馈过程。资本青睐优秀的新的生产要素组合，而资本的助力又如洪水般助推对传统壁垒的颠覆，一旦决堤就一泻千里。因此获得资本支持的项目经由资本和项目双方的双向选择，平均来说可以取得相对更高的收益，也就是 $r>g$。

$r>g$ 对应的收益差别不妨称为创造性破坏溢价，我们可以从类似的角度来理解所谓的“股权溢价之谜”[70]。股票市场的收益远高于国债收益，仅从风险溢价角度是比较难解释的。实际上，股票市场对应的上市公司毕竟只是整体经济的一小部分。上市公司更高比例地对应了创造性破坏，而其余的经济更高比例地在循环经济范畴，国债的无风险利率则是对应整体经济生活。所以股权溢价，不仅是风险溢价，还有一部分的创造性破坏溢价。

劳动的效用

我们想到“劳动”这个词，往往会想到“锄禾日当午，汗滴禾下土”的形象。现在通过利用化学除草等手段，锄禾这样的体力劳动已经基本见不到了。亚当·斯密当年考察制针业的劳动，“一个人抽丝，另一个人拉直，第三个人切断，第四个人削尖，第五个人磨光顶端以便安装针头；做针头要求有两三道不同的操作；装针头是一项专门的业务，把针刷白是另一项；甚至将针装进纸盒中也是一项专门的职业”[71]。现在的手机工厂流水线依然相似。但是在不久的将来，这抽丝、拉直、切断、削尖、磨光、装针头、刷白、放进纸盒的每道工序都应该由基于人工智能的机械手臂来完成了。

体力劳动占比的下降和脑力劳动占比的提升是显然的趋向,但并不是这里讨论的重点。在这里主要想考察的是劳动的效用的问题。

许多经济学家都认为劳动是产生负效用的,他们甚至是基于负效用来定义它的。比如马歇尔说,"劳动是任何心智或身体上的努力,部分地或全部地以获得某种好处为目的,而不是以直接从这种努力中获得愉快为目的"[72]。冯·米塞斯写到,"工作被认为是痛苦的,不工作比工作被认为是较满意的情况。在其他条件不变的假定下,闲暇比工作好。人们之所以工作,只是因为他们认为工作的报酬高于闲暇所产生的满足。工作招致负效用"[73]。在这里我们对劳动和工作两个词不做区分,显然米塞斯说的负效用主要是心理体验层面上的。

席勒把游戏作为劳动的反义词。他写到,"如果狮子不受饥饿折磨,也没有任何猛兽来挑起争斗,那么它空闲剩余的精力本身就要给自己创造出一个对象;它以雄壮的吼声响彻沙漠,而在这无目的的消耗中,它那旺盛的精力在自我享受;昆虫在太阳光下飞来飞去,满怀生活的欢乐;就是我们在鸟儿的悦耳鸣啭中所听到的,也肯定不是欲望的呼声。无可否认,在这些动作中有自由,但不是摆脱所有需要的自由,而仅仅是摆脱了某种特定的、外在的需要的自由。如果动物活动的推动力是一种缺乏,那么动物是在工作；如果这种推动力是力量的丰富，如果是剩余的生命刺激它进行活动，那么它是在游戏”[74]。我结合多年玩游戏的经验，简化一下席勒的说法——游戏是挑战不必须的任务[75]。

马克思也写过，“一个工人在一昼夜中有12小时在织布、纺纱、钻孔、研磨、建筑、挖掘、打石子、搬运重物等等，他能不能认为这12小时的织布、纺纱、钻孔、研磨、建筑、挖掘、打石子是他的生活的表现，是他的生活呢？恰恰相反，对于他来说，在这种活动停止以后，当他坐在饭桌旁，站在酒店柜台前，睡在床上的时候，生活才算开始。在他看来，12小时劳动的意义并不在于织布、纺纱、钻孔等等，而在于这是挣钱的方法，挣钱使他能吃饭、喝酒、睡觉。如果说蚕儿吐丝作茧是为了维持自己的生存，那么它就可算是一个真正的雇佣工人了”[76]。马克思接着写到，“劳动力并不向来就是商品。劳动并不向来就是雇佣劳动，即自由劳动”[77]。

我想说的是，劳动是人对自然的实践。劳动并不向来就是负效用的，在未来更可以不是负效用的。劳动的负效用是现阶段社会生产方式中最大的问题。类似的，现代教育最大的问题是学习的负效用。

在《人类简史》里，狩猎采集者阶段的人在附近的森林和草地上晃晃，采采蘑菇、挖挖根茎、抓抓青蛙，本身就是生活，听起来没有多少负效用。[78]或者想想当郎朗在弹钢琴、梅西在踢足球、扎克伯格在写程序的时候，他们也是在劳动呀，难道是负效用的吗？

什么是劳动？劳动是人和自然的关系，人通过改变自然来为自己的目的服务。劳动的目的总是为某些人服务。自由劳动为自己服务，雇佣劳动部分为雇主服务。劳动的目的本身并非一定会产生负效用，问题出在劳动过程中的心理体验上。我们往心理学那边求答案。

自我决定理论（self-determination theory，简称 SDT）是近年来兴起的一个有实证基础的关于人类动机和人格的研究框架。“自我决定理论阐述了一个动机研究的元理论框架，是一个定义了内在和各种外在来源的动机的正式理论，描述了内在和各种外在动机在认知和社会发展及个体差异中各自的作用。也许更重要的是，自我决定理论的命题也侧重于社会文化因素如何促进或削弱人的意志和进取心以及幸福感和绩效。支持个人的自主感、胜任感和归属感的体验的条件被认为可以培养最有意志力的和高质量的动机和参与，包括增强的绩效、持久性和创造性。此外，自我决定理论指出这三个心理需求中任意一个在社会语境中不被支持或遭到挫折，将对健康产生重大的不利影响。”[79]

自我决定理论的一个核心观点是，关键在于个人的三种基本心理需要：自主感、胜任感和归属感。自主感是指个体能感知到做出的行为是出于自己的意愿的，是由自我来决定的，即个体的行为应该是自愿的且能够自我调控的。胜任感是指在个体与社会环境的交互作用中，个体能感到自己是有效的，有机会去锻炼和表现自己的才能。归属感是指个体感觉到关心他人并被他人关心，有一种从属于其他团体的安全感，与别人建立起安全和愉快的人际关系。动机的能量和性质取决于这三种基本心理需要的满足程度。自我决定论认为，三种基本心理需要如果得到满足，会促进外在动机向内在动机的转化。反之，若三种基本心理需要，特别是自主感得不到满足，原有的内在动机也可能会转为外在动机。

让我们来引述一个经典的例子：一群孩子在一位老人家门前嬉闹，叫声连天。几天过去，老人难以忍受。于是，他出来给了每个孩子25美分，对他们说："你们让这儿变得很热闹，我觉得自己年轻了不少，这点钱表示谢意。"孩子们很高兴，第二天仍然来了，一如既往地嬉闹。老人再出来，给了每个孩子15美分。他解释说，自己没有收入，只能少给一些，15美分也还可以吧。孩子仍然兴高采烈地走了。第三天，老人只给了每个孩子5美分。孩子们勃然大怒："一天才5美分，知不知道我们多辛苦！"他们向老人发誓，他们再也不会为他玩了！

"孩子原来是为自己玩(有自主感，嬉闹既是过程也是目的，是自我决定的)。你甚至可以想象，如果老人出来制止他们，孩子们很可能会心想‘偏不！凭什么啊’，于是玩得更带劲了。然而他们一旦心满意足地接受了老人的奖励，内在的部分就逆转了，冲着拿奖励（为了外部奖赏，而非自我决定）来嬉闹，自主感减少，嬉闹成了某种表演（不是发自内心的），而表演是为了获得报酬。这时内在动机就转化为外在动机了。为别人表演原本就很累，对方居然连续两天任意降低‘酬劳’，难怪孩子们要发怒了，以至再也不会为他玩了。自我决定论的深刻之处在于，不仅考察奖励与否，还考察奖励是否满足了内在心理需要，从而促进或阻碍内在动机的形成。”[80]就这样，原本是正效用的嬉闹，在物质激励之后，变成了负效用的雇佣劳动。环境没有变，行为也没有变，仅仅是动机变了。福祸苦乐，一念之差。

同样的道理在汤姆·索亚的故事中有精彩的描写：“英国有钱的绅士在夏季每天驾着四轮马拉客车沿着同样的路线走上二三十里，他们为这种特权花了很多钱。可是如果因此付钱给他们的话，那就把这桩事情变成了工作，他们就会撒手不干了。”[81]汤姆的小伙伴们可以愉快地甚至付费去做刷墙的工作，其实正是因为他们在过程中收获了自主感、胜任感和归属感。

自主感、胜任感和归属感，恩格斯考察的19世纪的英国工人阶级显然是没有这些心理感受的。“工业革命只是使这种情况发展到极点，把工人完全变成了简单的机器，剥夺了他们独立活动的最后一点残余。”[82]今天一些第三世界国家的血汗工厂里情况大抵仍是如此。

然而我们已经看到一些可喜的变化，现在的很多企业都重视归属感的培养，如互联网公司经常组织各种团建活动，理发店员工在店门口集体跳操等。而绩效考核从KPI到OKR（objectives and key results，目标与关键成果）的变化，最重要的就是自主感和胜任感的提升。“谷歌的OKR考核制度也是信息透明的一个很好的例证。这个指标是由每个人的目标（需要达成的战略目标）以及关键成果（用以衡量达成目标的进度）构成的。每个季度，每位员工都需要更新自己的OKR，并在公司内发布，好让大家快速了解彼此的工作重点。”[83]不仅如此，“OKR需要打分，但这分数不作他用，甚至没有人来记录。唯一的用途，就是让员工诚实地评判自己的表现”[84]。每个人自己设定目标并且自我评判，就是自主感。“顺应谷歌的‘往大处想’理念，合理的OKR应当有一定难度，达到其中所有的要求应是不可能的。”[85]胜任感，在有些书里也译作专精。有一定难度的OKR，而不是必须百分百完成的KPI，更能让人感到自己有机会去锻炼和表现自己的才能。

再举一个大家耳熟能详的例子。中国共产党完成了人类历史上最伟大的一次创举。对比同时期的国民党，共产党做对了很多事情，而其核心正是赋予了党员、军队和群众以自主感、胜任感和归属感。归属感有许多例证，比如在东北[86]，在淮海[87]。关于自主感和胜任感,最经典的例子恰如毛泽东说的,"自觉的能动性是人类的特点,更是人类在战争中的特点。人类在任何的行动中表现的能动性,没有比在战争中更加强烈的。战争的胜负,一方面决定于双方的军事、政治、经济、地理、战争性质、国际援助诸条件,然而不仅如此。仅有这些,只是包含着胜负的可能性,它本身并没有分出胜负。要分胜负,还须加上主观努力,这就是指导战争与实行战争,这就是战争的自觉能动性。指导战争的人们不能超越客观条件许可的限度以企图战争的胜利,然而战争可以而且必须在客观条件的限度之内,能动地争取战争的胜利。战争指挥员活动的舞台,必须建筑在客观条件的许可之上,然而他们凭借这个舞台,却可以导演出很多有声有色、威武雄壮的话剧来"[88]。

前面讲到,随着人工智能的发展,人类主要的职责就剩下创造规则和破坏规则。那些把工人完全变成简单的机器的工种都将被真正的机器取代,设计是剩下的最主要的工种。所有的工作都是创造性的工作,因为凡是非创造性的重复的事情都可以让人工智能去学习和实现了。创造力自然需要自主,我们基本上没有见到过被迫的创造。

回到席勒说的,如果推动力是一种缺乏,那么是工作;如果推动力是丰富,是剩余的生命,那么是游戏。当人工智能替代了循环经济的生产人类生存资料的工种，人们创造的推动力就是丰富。前面说过，游戏是挑战不必须的任务。当人工智能完成了所有必须的生产，人类所有的劳动都是不必须的。在未来，劳动本身就成了游戏。

在企业的进化过程中，未来那些可以赋予每个人自主感、胜任感和归属感的组织形式将在自然选择中胜出。原因和之前是类似的，因为这样的组织形式有利于激发创造，而越有创造力的企业越善于适应和变异。所以未来的劳动将满足人的自主感、胜任感和归属感，未来的劳动是正效用的。

爱

什么是爱?

爱是领略、守护和成就他独有的美。

我爱一朵花,是我领略、守护和成就它独有的美。我爱一只猫,是我领略、守护和成就它独有的美。我爱一幅作品、一项运动、一门艺术,是我领略、守护和成就它独有的美。我爱一个人,是我领略、守护和成就他独有的美。这里用“领略”这个词,因为它同时有发现、理解、品尝、欣赏的意思。

还得先说说什么是美。

大自然是美的，宇宙的真理是美的。“数学家帕斯卡欣赏数论原理的美，他似乎在欣赏一种美丽的自然现象。他说，妙不可言，数具有多么精彩的特性呀。他似乎在欣赏某种水晶体般的规律性。”[89]请想想阿尔卑斯山、爱琴海、九寨沟、张家界、天上的云朵、水中的莲花、傅立叶变换、麦克斯韦方程、碳原子结构、DNA 双螺旋，哪样不是触目惊心的美？越趋近于真，也就越美。绝对的真就是绝对的美。[90]

《说文解字》里说，“善，吉也。从誩，从羊。此与義、美同义”[91]。美、善、義（繁体的义）这几个字的上部相同，而下面有差别。美的下面是“大”，这里说的美是大美，是宇宙的真。善的下面是“口”，善是可以言说的美。“道可道，非常道，名可名，非常名”[92]，善就是可以道、可以名的美。或者说，大美是绝对的，它就在那里；而善是我们对大美的理解、表达和转述。当善趋近于极限，可称为至善，就无限接近于大美。[93]

说美是绝对的，然后又说要去领略、守护、成就花儿独有的美，是矛盾了吗？绝对的美是大美，是至善。而花的美，是绝对的美在花的身上的投射。绝对的美是太阳，而我们看见的花的美是阳光落在花上然后反射入我们的眼睛和灵魂。[94]我们不能完全了解太阳，于是就从了解阳光照耀下的美开始实践。每一事一物的美，用心去体察[95]，都可以作为对绝对的大美的考察的一种途径。一花一世界，美就在那里，只看是不是用心。王阳明说的格物致知，就是这般道理。

“先生游南镇，一友人指岩中花树问曰：‘天下无心外之物，如此花树，在深山中自开自落，于我心亦何相关？’先生曰：‘你未看此花时，此花与汝心同归于寂；你来看此花时，则此花颜色一时明白起来，便知此花不在你的心外。’”[96]

有至真、至美、至善，却没有至假、至丑、至恶。美和善有最高级，丑和恶却只有比较级。上帝（或者其他造物主）创造了真和美，然后创造了人。他并没有创造恶和丑，丑恶只源自人心。[97]丑恶的判断最主要是基于在长期进化过程中是否不利于自身生存而发展和保留下来的人类集体无意识。人们觉得丑恶的，一般是不健康的、不卫生的、不怀好意的、不利于安定团结的。从天地的角度来看，老鼠、蟑螂并不比人更丑恶。

什么是義（繁体的“义”）呢？義的下面是“我”，義是去领略、守护和成就我自己独有的美。按照之前对于爱的定义，义是自爱。《孟子》说，“生，亦我所欲也，义，亦我所欲也。二者不可得兼，舍生而取义者也”[98]。舍弃自己的生命，换的是守护和成就自己的美。

显然，这里说的自爱和一般理解的自恋不是一回事。自恋的人还并没有真正领略自己的美，更谈不上去守护和成就。自恋的人只是沉醉在对自己的肤浅的虚构中，而要真正领略自己的美，自然要先遇见未知的自己。

弗洛姆说，爱是一门需要去学习和掌握的艺术。[99]诚然，领略美、守护美和成就美，都是需要付出努力才能习得的能力。他在《爱的艺术》中按不同的爱的对象做了定义和讨论，我们也来分别看看。

先从两情相悦的爱谈起。维特根斯坦说："漂亮的东西可能不是美的。"[100]康德说："'只按照那样一个准则去行动，凭借这个准则，你同时能够要它成为普遍规律。'或者说，'如此去行动：俨然你的行为准则会通过你的意志成为普遍自然律似的。'"[101]换句话说，我要把选择高富帅作为准则，那就要所有人把选择高富帅作为普遍规律。但是，人有高、矮、不高不矮，富、穷、不富不穷，假设各占三分之一。考虑到高、富、帅之间可能有一定的正相关，高富帅也不会超过五分之一。如果选择高富帅成了普遍自然律，那么剩下五分之四的朋友们怎么办呢？

显然我们对于爱的定义在康德的定言命令面前就不会有类似的问题。特别注意，说的是领略、守护和成就他独有的美。重点在于独有，而不是一种刻板印象。只要我们相信美的阳光普照人类，包括《巴黎圣母院》里驼背、独眼、跛脚的敲钟人，每个人身上都独有一份美，而且总有另一双眼睛和另一个灵魂可以领略这份美。

西方心理学有个爱情三角理论，“认为各种不同的爱情都能由三个构成成分组合而成。爱情的第一个成分是亲密（intimacy），包括热情、理解、沟通、支持和分享等爱情关系中常见的特征。第二个成分是激情（passion），其主要特征为性的唤醒和欲望。激情常以性渴望的形式出现，但任何能使伴侣感到满足的强烈情感需要都可以归入此类。爱情的最后一个成分是忠诚（commitment），指投身于爱情和努力维护爱情的决心”[102]。

比较一下这个爱情三角理论中的亲密、激情、忠诚，和我们对爱的定义中的三点要素，即领略、守护、成就他独有的美。忠诚基本对应守护。激情有点像领略，激情里面包含的欲念更多一些，领略的审美成分更多一些。如果把差别的程度放大，有点像《爱莲说》里“出淤泥而不染，可远观而不可亵玩焉”中的亵玩和远观的区别。亲密相比彼此成就，感觉上还稍微差了点意思。亲密包括了理解、沟通、支持、分享，但还是少了点丰富（enrichment）的意思。成就他的美，则是希望能促使他拥有丰富、幸福、值得的生活。

有个说法，你永远无法唤醒一个装睡的人，就像你无法感动一个不爱你的人。当真切地感受到被爱的时候，应该是一种被唤醒的感觉。当然不是被闹钟吵醒的感觉，而是从慵懒、混沌中醒来，整个世界一下子变得明媚了。

继续看《爱的艺术》中讨论的其他几种爱。

父母对子女的爱。领略子女的美、守护子女的美，是本能。成就子女的美的过程就是教育。

关于自爱。领略自己的美，是自信。守护自己的美，是自尊。成就自己的美，是自强。自爱是义，义就是自信、自尊、自强。

性爱是在身体层面上两个人相互成就美的终极仪式，孕育是终极成就，而婚姻是两个人相互守护美的终极誓言。

关于博爱。仁者爱人。[103]仁是爱人，义是爱己。爱人如己就是仁义。世人往往理解为以己度人和推己及人，有明确的先后之别，其实并不对。爱人和爱己本来就是同样地去领略美、守护美和成就美，只是美的阳光在不同对象上的反射，类似花和叶的不同而已。仁是基于同理心的逻辑，而只有同理心是不够的。[104]正如孔子说，仁者不过是推己及人，而如果真能做到博爱，那何止是仁，就是圣人呀！[105]

作为无神论者，关于弗洛姆讲的最后一点——神爱，我不想评述太多。如果说世界上有神，那么它就是绝对的美、真。所有被人格化的神都不是真神。罗素举过一个无花果树的例子。[106]

"第二天，他们从伯大尼出来，耶稣饿了。远远地看见一棵无花果树，树上有叶子，就往那里去，或者在树上可以找着什么。到了树下，竟找不着什么，不过有叶子，因为不是收无花果的时候。耶稣对树说：'从今以后，永没有人吃你的果子。'他的门徒也听见了。早晨，他们从那里经过，看见无花果树连根都枯干了。"[107]

和罗素一样，我也觉得耶稣在这件事上不够仁义。按照前述领略、守护、成就美的理解，如果一定要施展神迹，本可以成就这无花果树，让它果实累累，何必要让它枯干呢？老子说，"上善若水，水善利万物而不争，处众人之所恶，故几于道"[108]，济人利物是春秋大义。再想想人类这些年来对自然的破坏，受害的又何止千万棵无花果树，不仁不义，情何以堪。

TED上有这样一个故事。[109] Sugata Mitra 说，他发现再无知的孩子也能自我学习，并且学习得很好。当时他买了一台昂贵的电脑，不允许他4岁的儿子触碰。当他操作电脑时，这个孩子只是站在身后。但有一天，当他找不到某个文件时，他的儿子告诉了他操作的方法。他由此开始探究孩子们身上发生的这种令人吃惊的现象。1999年，他在自己位于新德里实验室大楼外墙的墙洞里放了一台连接着互联网的电脑——那面墙面对着贫民窟，破败不堪。从未见过电脑的穷孩子们蜂拥而至，在得到可以触摸电脑的许可后，他们很快学会了如何上网，他们甚至教会了 Mitra 如何将 Word 文档中的字体变成彩色。他反复在各个地方做此实验，并对这些实验结果的期望逐渐提高。2006 年，他来到南印度一个说泰米尔语的偏僻村落，并将电脑留在了那里。和此前能上网的电脑不同，这个电脑还载满了关于基因的英文论文。他告诉孩子们这些文档很重要但连他都不明白是什么意思，然后就离开了。当他回来时，他并不惊讶那些孩子嚷嚷着说他们什么都没弄明白，直到一个 12 岁的女孩举起手说："除了知道错误复制的 DNA 分子会导致遗传疾病之外，我们什么也没明白。"这个实验结果让他激动，他紧接着在这个实验中加入了这样一个元素——来自成年人的鼓励。在这个热带贫穷的村落中，这个角色由一个完全不懂科学的 22 岁女孩扮演，她所做的只是在孩子们做出点什么的时候说，"你真是太棒了，我在你这个年纪完全不知道要这么做"。实验一段时间的结果是，这群零基础的孩子在做标准化生物考试的时候，成绩能赶上新德里私立贵族学校的孩子们，后者可是有着专业的生物学老师。

这群印度孩子在成人的鼓励下自主地学习，可以说是自主感、胜任感、归属感的完美的例子。前面已经提到，现代教育最大的问题是学习的负效用。这是一个很可悲的事情。很多人由于这样的观念，在脱离学校以后便不再自主地学习，这是对生命最大的浪费。K12 教育（kindergarten through twelfth grade,

幼稚园至第十二年级教育）总是被维护社会公平的高考制度牵着走，但至少在高考之后的大学教育里能不能增加学生的自主感、胜任感和归属感呢？国内的大学制度很像KPI，必须完成哪些课程、多少学分才能毕业。将来我们能否借鉴OKR，让学生自己设定目标与关键成果呢？是否可以持续到他们毕业后的终身学习呢？

核心问题还在于，在学习的过程中，学生有没有感到被爱。“教育上真正的问题是教育者。”[110]作为一个教育者，要做的是去领略孩子的美，努力地去守护和成就他们的美。不论是好孩子、坏孩子、乖孩子、熊孩子，每个孩子都有他自己的美。现在教育的一个弊端在于对孩子过早地差别对待。成绩好的孩子和成绩差的孩子甚至从小学起就被分班等方式系统化地差别对待。乖孩子和熊孩子很早就体会到老师不同的态度和预期，由此产生不同的自我心理预期。有些老师对孩子们的爱不是普遍的，是有分别心的。而且如果教育者自己觉得工作是负效用的，那么学生必然被他感染而觉得学习也是负效用的。

对于爱的定义：领略他的美、守护他的美、成就他的美。对于义的定义：自信、自尊、自强。自主感和自信相通，归属感和自尊相通，胜任感和自强相通。其实，自主感是被领略了自己的美，归属感是被守护了自己的美，胜任感是被成就了自己的美。自主感、胜任感和归属感，说到底就是被爱的感觉。

优秀的企业让员工感到自己被爱，优秀的教育让学生感到自己被爱。当说正负效用的时候，其实核心问题是有没有爱和被爱。我们相信，未来人们在劳动中应该感受到被爱，人们在对自然的实践过程中应该是互爱的。

恩格斯写到："政治经济学家说：劳动是一切财富的源泉。其实，劳动和自然界在一起才是一切财富的源泉，自然界为劳动提供材料，劳动把材料转变为财富。但是劳动的作用还远不止于此。劳动是整个人类生活的第一个基本条件，而且达到这样的程度，以致我们在某种意义上不得不说：劳动创造了人本身。"[111]

爱是人的原动力，劳动创造了人本身。

04 企业、资本

“在未来的生产活动中，归根到底在于这三个角色：企业家、专家和金融家。”

经济中的幂律分布

经济学上有一个概念叫消费者剩余。“一种物品的总效用与其总市场价值之间的差额称为消费者剩余。之所以会产生剩余，是因为我们‘所得到的大于我们所支付的’，这种额外的好处源于边际效用递减规律。”萨缪尔森在《经济学》中具体解释说，“我们之所以能享受消费者剩余，基本的原因在于：对于我们所购买的某一物品的每 1 单位，从第 1 单位到最后 1 单位，我们支付的是相同的价格。对于每 1 个鸡蛋或每 1 杯水，我们都支付了相同的价格。这样，我们所支付的每 1 单位的代价都是它最后 1 单位的价值。但是，根据边际效用递减这一基本规律，对于我们来说，前面的各单位都要比最后的1单位具有更高的价值。因此，我们就这样从前面的每1单位中享受到了效用剩余”。[112]

这类经济学解释的问题在于总是假设所有的人都是相同的。在《经济学》的下一页，萨缪尔森写到，“为了避免个人之间效用难以比较的困难，我们假设有1万名使用者，他们在所有方面都是完全相同的”[113]。

越是通用的商品，比如矿泉水或者可口可乐，对使用者的效用越接近于一致分布，也就是说每个人喝矿泉水的效用都差不多。而越是有特色的或者定制的产品，对使用者的效用越接近于幂律分布。我们都听说过80—20法则，即20%的事情决定了80%的结果。这又称为幂律分布，或幂次法则。[114]比如一把极好的大提琴，落在我们这样的普通人手里和大提琴家马友友手里，产生的效用千差万别。再比如一件定制的衬衣，换一个人不合身的话也没什么效用了。

而互联网给商业带来的颠覆正是越来越多的特色和定制。大家都听说过长尾理论，亚马逊网络书店的图书销售额中1/4来自排名10万以后的书籍，而且这个比例还在增长。当商品储存、流通、展示的场地和渠道足够宽广，商品生产和销售成本急剧降低，几乎任何以前看似需求极低的产品，只要有人卖，都会有人买。长尾理论推动商品品类越来越丰富和有特色。同时对于人们已知的个性化需求，互联网将驱动更多的 C2B(customer to business，消费者到企业)生产。现在的服装尺码型号是很粗糙的划分。不用等太久，人们应该可以根据自己的实际体型提交厂家直接定制生产了。未来商品的主流是私人订制。在这样的发展趋势下，可以假设商品的效用越来越符合幂律分布。

关于消费者剩余，可以给出另一种解释：当每个人都买一本非畅销书的时候，有的人获得了很大的效用，有的人的效用少一点。设想所有消费者按照他们可以获得的效用从高到低排成一队。他们的效用按照幂律分布递减，最后由一个边际效用和边际成本相等的人决定均衡价格。排在前面的朋友们其实赚到了，因为即使再贵一些，他们本来也会买的。愿意支付的心理价位和实际价位的差别就是消费者剩余。

这样的解释是比较难被写进西方经济学的主流课本的。除了数学上处理起来麻烦之外，更重要的是按照西方价值标准，在名义上的对于平权的极致要求和对于歧视的高度敏感之下，讨论人与人的不同应该不符合西方所谓的“政治正确”。

每个人在不同企业的岗位上，可以产生的价值是不同的。人在不同的企业里可以创造的价值也符合幂律分布。作为一个比较极端的例子，想想科比如果不去打篮球而去了麦当劳，他创造的价值会减少多少。反过来，企业所能找到的不同的人所产生的价值也是不同的。不同的人在岗位上可以创造的价值也符合幂律分布，想想如果不是科比而是周杰伦在球队里会怎样。

有些人可能会反对不同的人创造的价值符合幂律分布的说法。不符合幂律分布的工作岗位确实有很多，而且目前还是社会的主流。但是，这些工作岗位按照之前的讨论终将被人工智能替代。现在一些对专业知识有高要求的岗位已经符合幂律分布，比如谷歌公司的经验，“恰如我们的研发高级副总裁艾伦·尤斯塔斯经常说的：‘拔尖工程师的价值相当于普通工程师的300倍……我宁愿错过整整一批工程师毕业生，也不愿放过一位出众的技术专家。’”[115]反过来可以这样说，凡是人的能力不符合幂律分布的工种终将被人工智能替代。近年来一些经济学家也开始关注幂律法则，比如纽约大学的研究指出，艺术、体育和商业界的明星的高收入可以应用幂律法则。[116]

每个人在不同公司的岗位上产生的价值不同，因为每个企业的其他生产要素组合都有差异，最起码企业主不是同一个人。当企业主考虑付给员工工资的时候，他愿意付多少呢？企业主可以估计这个员工在其他公司可以创造的边际价值的最大值。其他企业主不会付给该员工更高的值，不然就亏本了。于是这个值就是员工的总边际价值。当员工在本企业可以创造的价值超过这个总边际价值，这两个价值之间的差就是企业主的利润。这个利润可以视为剩余价值。因为它是由企业知人善任、合理组织生产要素的能力带来的，不妨称之为合理的剩余价值。如果员工在本企业可以创造的价值少于这个总边际价值，那么他可以去其他企业创造更大的价值。在有效的无摩擦的市场里，他应该离开这家企业，去能产生最大价值的那家企业工作。

作为企业主，最合适的策略是在人力资源上做价值投资，也就是说找到可以产生最大的合理剩余价值的员工。最大的合理剩余价值的员工，并不一定是能创造最大价值的员工，也不一定是可以满足该岗位最低需要的人中薪金要求最低的。作为员工，他的动机是找到愿意付他最高工资的企业。在这样的系统中的动态均衡会是个很有趣的过程，适当的计算机模拟或许可以帮助解释失业率等经济现象。作为员工，他可以努力增加他的替代选择的价值。如果他的技能只适合一家企业，而企业在这个岗位上除了他还有很多其他的备选，那么他的谈判能力就很弱。

反过来从员工的替代的角度可以做另一种推理。在比较特殊的情况下，一个员工可能产生巨大的价值，远超过其他可以替代他的人。这时他可以获得的最大值是他为企业可以创造的额外边际价值加上替代员工的工资的最大值。这个值有可能会大于前面说的总边际价值，这时的工资水平应该由双方谈判决定。明星雇员由于可以创造巨大的边际价值，因此可以有巨大的溢价能力。反之如果他是和所有其他员工相比没有差别的员工，作为企业愿意支付的还是员工的平均水平工资。

如果雇佣产生的边际创收主要来自雇员个人的溢价，那么雇员将得到其中的大部分。如果边际创收主要来自新的生产要素组合产生的价值，那么雇员将得到较少的部分。在非明星雇员的一般情况下，当企业通过合理配置生产要素雇佣该员工的时候，企业就可以确保获取合理剩余价值。如果企业相对于社会的其他机会并没有最优匹配该员工和其他生产要素的时候，企业就没有确保的合理剩余价值。在经济学的一般假设下，所有员工对所有企业都是等效的，那么所有企业都没有合理剩余价值。

除了来自生产要素最优组合所产生的合理剩余价值，还可以由不完全的信息产生不合理的剩余价值。当员工没有充分的关于其他工作机会的信息时，他可能被迫接受较低的不合理的工资水平。在这个时候，我们看到剥削。这种剥削主要来自知识和信息上的不平等，是由选择受限制而造成的。另一种社会不能最优的情况是，潜在的企业家即使可以更优地组合生产要素和进行雇佣，也由于种种障碍无法实现。最常见的是他们无法获取必要的资本。在这样的情况下，由于潜在的其他雇佣机会的缺乏，员工受到现有的企业实质上的剥削。所以，剥削主要源自知识和资本的不合理分布。

企业家

什么是企业？

我简化科斯的说法：企业是竞争市场中的小型的计划社会。[117]

企业或者公司也是个迷因，是共同虚构的故事，是人类的集体想象。[118]像基因一样，企业是竞争的市场中自然选择的基本单位。企业的进化过程就是创造性破坏。

绝大部分企业的内部是科层制的组织管理，也就是权力依职能和职位进行分工和分层，以规则为管理主体。企业内部不再是竞争性的市场规则，而是计划。于是在企业中，就有一个非常重要的角色——计划者，我们称之为企业家。

请注意这里的用词。企业家是在这个小型的计划社会中的计划者，而不是说企业家是企业内部科层制的组织形式的管理者。后者可以是总经理，而只有前者才堪称企业家。这个企业家的定义和熊彼特的相似。[119]

《孙子兵法》有云，“故上兵伐谋，其次伐交，其次伐兵，其下攻城”[120]。对于企业家来说，上策是创造新的生产要素组合，比如利用人工智能这样新的科技和知识来颠覆某些传统行业；其次是建立新的上下游合作，比如开辟新的市场；再次是培养团队打造更强的执行力；其下则是打价格战，死磕到底。

作为一个企业计划者的企业家，他最主要的职能就是组合生产要素。生产要素有哪些呢？经济学课本上一般包括人力资源、自然资源、资本、技术变革和创新。[121]

把这个说法再简化一下。随着土地在生产中相对作用的减少以及自然资源的金融化和资本化，自然资源和资本的差别越来越少。古典经济学里按土地、劳动和资本的要素区分的土地的意义越来越小。不妨把自然资源和资本统称为资本。技术变革和创新，简称为知识。这样，生产要素就是人、资本和知识。

在未来，所有那些把工人完全变成简单的机器的工种都将被真正的机器取代。也就是说,没有知识的人都将被机器(一种资本)所取代。这样只剩下有知识的人、资本和知识。有知识的人本身是知识的载体,两者不可分割。

科斯从交易成本的角度理解企业的边界。其实可以做另一种理解:企业的边界是知识共享的边界。在企业内部,知识高度共享,并且形成了知识传承的机制;而企业对外部的知识分享的接口,往往简单到只有产品说明书。不妨把企业看作生产活动中知识的聚集簇单位。

这样去掉人和知识的同义重复之后,未来的生产要素就是人和资本,或者说知识和资本。企业家的职能是组合人和资本两种生产要素。资本的价格是它在资本市场上的边际收益率。在有效的资本市场上,资本总是可以以合理的价格获得。对于企业家来说,更重要的是善于用人的能力。也就是前面说的,企业家努力创造合理的剩余价值。

有些人说企业家的职责是创造就业。这和我们的表述有点像,但不够全面。有些人标榜某企业家创造了多少个就业机会。这就陷入了之前王阳明说过的,只在分两上较量,所以流入功利。更重要的是创造的每个就业是否可以充分地发挥人的潜能,为他提供锻炼成金的机会。

在此给出一个推论:投资那些有合理剩余价值的企业。举个例子,在乔纳森·伊夫主持设计 iPod 的年代,乔布斯主导的生产要素的组合为苹果公司创造了巨大的合理剩余价值，苹果公司的股价也因此非常强劲。

企业家的职能是组合人和资本两种生产要素。但这种职能只能算作手段，不是目的。那么企业家创办企业和实现生产要素的新组合的目的是什么呢？“经济活动可能有任何的动机，甚至是精神方面的动机，但它的意义总是在于满足需要。”[122]满足他人的需要就是服务。

这里其实有一个问题：服务谁呢？看起来答案很显然，顾客呀。实际上不仅如此，大前研一指出还有顾客的顾客。[123]除了顾客和顾客的顾客，当然还可能有顾客的顾客的顾客……取极限，可以说是服务人民吧。

企业的目的，或者说商业的本质，是服务。甘地说过，“除非一个人真正能从服务中得到乐趣，否则这件事没有任何意义。如果只是为了做做样子，或者迫于公众舆论不得已而为之，那反而会阻碍人的成长，且不利于他的心智发展。如果为人服务不是基于愉快的心情，那于己于人都无甚好处。然而，当人们心情愉快地为他人服务时，其他一切欢乐和财富都会黯然失色”[124]。心情愉快地为他人服务，正是前面说的正效用的劳动。

金融家

什么是资本？

萨缪尔森列举资本的种类包括工厂、机器、道路、知识产权等。如果把自然资源也归为资本，则还包括了土地、矿产、燃料等。在这种现象的背后，简化熊比特的说法，资本在本质上是提供给企业家的购买力的杠杆。[125]

有一点值得注意的是，只有提供给企业家的生产性投资才可以称之为资本。熊彼特写到，“于是我们可以说，在原则上，只有企业家需要信贷；只有就产业的发展而言，信贷才起着一种根本性的作用，而考虑这种作用，对于理解全部经济过程是极关重要的”[126]。近年来互联网金融迅猛发展，其中很多是消费信贷方面的创新。熊彼特指出，“撇开消费信贷的重要性只可能是有限的这一点不谈，我们要指出它并非产业生活的基本形式及必需条件的一项要素。任何个人经济的性质也没有规定他必须负消费性债务；任何生产过程的性质也没有规定该生产过程的参与者必须为了他们自身的消费目的而去借贷”[127]。消费信贷在本质上不推动经济的增长，所谓带来的拉动需求在本质上主要是在透支未来。

假设我们准备一项创业，把新的人工智能技术应用于传统行业。这是一个生产要素的新组合，所以我们是当之无愧的企业家。为了实现这个新组合，我们需要两方面的帮助。首先，我们需要分别懂得人工智能技术和传统产品渠道的专家。同时我们需要购买力的杠杆，来支付工资、办公室房租、服务器租赁、互联网推广等，于是我们会去寻求风险投资基金的资本支持。在这个生产过程中，有三个主要角色：贡献意志和行动、组合资本和知识生产要素的企业家，提供专业知识的专家，配置资本的金融家。

假设我们准备开一个餐馆。这也是一个生产要素的新组合，虽然不如前一个例子那么明显，至少我们的厨师和餐馆选址是和其他餐馆有所不同的。为了实现这个新组合，首先我们需要厨师。同时我们需要购买力的杠杆，来支付工资、店铺租金、装修、食材原料等。于是我们会去寻求资本支持，或者是家人、朋友的资助，或者是天使投资，或者是来自银行或其他渠道的贷款。在这个生产过程中，依然有三个主要角色：贡献意志和行动、组合资本和知识生产要素的企业家，提供专业知识的专家（大厨），配置资本的金融家。

前面已经讲过，那些把工人完全变成简单的机器的工种都将被真正的机器取代。在未来的生产活动中，归根到底在于这三个角色：企业家、专家和金融家。

具有专门领域知识的专家比较好理解，现在来看看金融家。

金融是跨时间、跨空间的价值交换。[128]金是财富，融是流通，金融是财富的流通。某些企业和项目获得资本的青睐和支持，过程好像投票一样。[129]手握投票器的人就是金融家。

资本家是一个容易产生歧义的名词。它也许指洛克菲勒这样的企业家，也许指约翰·皮尔庞特·摩根这样的金融家。在过去（比如前面提到过的哈耶克）的年代里，资本还没有充分的机构化，资本的拥有、支配和使用主要在个人，这些个人堪称资本家。今天，资本的机构化已经成为主流。被授权决定资本的支配和使用，而不一定直接拥有资本的人，比如基金经理或者银行家，更合适被称为金融家。金融家提供资本主要可以采取两种方式——股权和债权。前者以风险投资基金和私募股权基金为代表，后者以银行和其他提供生产性贷款的机构为代表。

我们来想想什么是钱，或者说，什么是货币。在不太久的未来，纸币必然不存在了，就好像它的前身——贝壳、金条、银锭、铜板那样。未来的货币就好像现在支付宝里的一个数字。货币是一个数字，这个数字用来衡量商品的价值或者某人的购买力。而这个数字的作用，就是在经济生活中传递信息。

类似哈耶克说价格体系就好像仪表的指针，可以把货币理解为一个刻度。[130] 在这个刻度上，购买力和商品的价值都可以对应一个数值。从商品到货币刻度上的数值可以理解为一个函数关系，也可以理解为信息的压缩。我们把一个鲜活的商品信息压缩到只有一个数字。在这样的至简压缩之后，我们可以在有限的沟通带宽和大脑处理速度的情况下更方便地传播和处理信息。经济生活中的每个参与者，尤其是企业家和金融家，都在根据这些信息做出判断和反应，然后反馈生产出更多的信息。货币化本质上是一个信息的数量化的过程。

这样的信息的数量化的过程用计算机科学的术语来说是有损压缩，相当部分的有价值的信息在过程中丢失了。我们在决策过程中往往过度关注可被量化的部分，而忽略了其他。前面讲过，世人只在价格和货币的分两上较量，所以流入功利。往往是那些很难被货币量化的，才更接近生活的本质。

随着大数据时代的来临，这个信息压缩过程在未来是否可以保留更多的信息呢？或者说，货币在未来是否可以不仅是一个数字呢？

当金融创新沦为数学游戏甚至庞氏骗局，就脱离了金融的本质。作为一个畅想，而并不算是一个建议，如果股票和期货市场的投机全面限制个人散户的参与，会是怎样的一种情形呢？

从历史上看，最早的股票交易所成立于400年前的阿姆斯特丹。我们现在所理解的华尔街始于18世纪90年代的《梧桐树协议》。而资本的大规模机构化大致开始于20世纪中叶，也就是说晚于交易所的形成。所以个人散户从最初就在金融交易所里活跃，但是历史形成的未必就是合理的。

一般说法是中国股市中的散户90%是亏损的。少数的能赚钱的牛散并不见得是真正意义上的散户，更像是没有正式机构化的机构。这样的现象在全球也相当普遍。美国的数据指出，个人投资者交易越频繁业绩越差。[131]

另一方面，更重要的是，大量的时间和注意力被花费在金融市场的投机上，造成了社会极大的浪费。说到底散户在市场中投机时的心态是企图从别处掠夺财富。当人们专注于掠夺的时候，就不再能安心从事生产工作。奥尔森写到，“当我们从什么是对繁荣最有利的因素转到什么是对繁荣最不利的因素时，人们比较一致的看法就是：当存在激励因素促使人们去攫取而不是创造，也是从掠夺而不是从生产或者互为有利的行为中获得更多收益的时候，那么社会就会陷入低谷”[132]。

如果散户个人投资者被限制参与金融市场的交易，而只能通过合法监管备案的基金等机构的形式参与到市场中来，会是什么样子呢？个人依然有着收益相近的投资途径，而且由于是机构化的基金产品，投资风险总体降低了。随着监管对象的减少和监管成本的降低，内幕交易等破坏市场公平的行为更加无处遁形，市场总体可以变得更有效。散户追涨杀跌的行为减少，市场中的换手率也更加合理，价格波动率更接近于标的资产的价值波动。金融市场的噪音减少，可以更有效地发挥其资本配置的本质职能。金融机构和金融从业者的收入将减少，但他们可以把更多的注意力从那些与人类的发展基本无关的金融投机上转回来，更多地回归到金融的核心作用上来。金融的核心作用是要服务实体经济，服务人类的发展。

前面说过，主要的生产要素是知识和资本。剥削主要源自知识和资本的不合理分布。造成贫困的最主要原因就是两条：缺乏获取资本的途径和缺乏获取知识的途径。[133]公益慈善要做的就是两件事情：提供资本或者提供知识。比如尤努斯的小微金融的创举，其在慈善扶贫的过程中，提供的不仅是钱，更重要的是资本。[134]请注意之前关于资本的定义和它与普通意义上的钱的区别。因此尤努斯不仅是一位慈善家，也是真正意义上的金融家。

关于慈善扶贫，可以看到很多虽然有好的初心，但没有产生持续的、正面的影响力的例子。典型的比如美国对非洲国家的援助。[135]这种援助提供的仅是钱，并不是为新的生产要素组合的资本，而且还是带附加条件的。贫穷的国家应该做的是发展，成就自己的美。[136]在各类慈善、布施、援助的活动中，仅提供钱和提供资本是完全不同的。仅提供钱，特别还带附加条件的，是想通过布施的对象来成就自己。提供资本，则是去成就布施的对象。美国对非洲的援助主要出于自己的国家利益。换句话说，美国要通过非洲成就美国自己，而不是去成就非洲。按照我们对爱的定义，美国的援助不是因为爱非洲，只是为了爱自己。

没有爱的施舍比没有施舍更坏。从来都不是钱的问题，是爱。

上一章里讲到，传统意义上的劳动和资本之间的财富分配的差异化，很大程度上是因为相当大比重的劳动沉积在循环流转的经济或者机械化的工作中，而资本则更多程度地参与到了创新的经济活动中。在理想的未来，循环流转的经济完全由人工智能来完成。经济生活中只有三种角色：企业家、专家和金融家。当所有的工作都是创新，三种角色在同样的事业中平等协作，不同角色之间的财富分配的差异化终将消弭。

05 权力、阶级

"阶级的本质是一系列鄙视链。"

权　力

什么是权力?

我简化韦伯的定义:权力是一个人或集团的意志成为另一个人或集团的行为的概率。[137]

韦伯的定义中特别强调了“不顾他人的反对去贯彻自身意志”的可能,而这实际上只是表述了暴力作为权力的一种的可能性。《政治的逻辑》里写到,“从宽泛的含义来说,凡是某一个人、某一个集团把自己的意志强行施加于另一个人、另一个集团的强制性行为都可以认为是暴力”[138]。从权力的定义本身来讲,并不需要特别区分是非暴力的权力还是暴力的权力,因此这个定语并不是必需的。罗素说,“假如一种权力完全因为它是权力而受人尊重,并无其他任何原因,这种权力就是暴力”[139]。

权力必然以服从权力方的行为来呈现,因为这是必需的观测点。这里说的行为既包括作为,也包括各种形式的不作为。也就是说,服从方因为服从权力而产生的有意识的动或者不动,都构成一种行为。而且权力总是和具体事项相关。没有人或者集团可以在所有事情上对另一个人或者集团拥有同样的权力。不雅的俗语说,管天管地,管不了拉屎放屁。权力是一个条件概率:在某具体的事项上和施加权力方的某意志的条件下,产生服从权力方的某行为的概率。当这个条件概率趋近于1的时候,就成了任人摆布。

韦伯说有三种权力支配类型:传统的、超凡魅力的和法制的。[140]

世人对于权力的关注,多像韦伯这样是在施加权力的一方。或者可以说,动机多是在琢磨如何攫取权力,成为支配方。而反过来换一个角度:作为一个心智健全的人,我为什么要被支配呢?或者说,我凭什么认可他人的意志成为我的行为呢?有两个层面的原因。

先说第一个偏理性的层面。因为个人只有有限的心智的容量,也就是带宽。[141]在面临复杂的环境需要做出采取行为的决策的时候，在某些事项上，人们可以大概率地信任来自权威的意志给出的行为决策会优于我们仅听凭自己的意志的决策。这样人们可以利用有限的带宽去处理好其他凭自己的意志更胜任的事项。

为什么可以大概率地信任权威呢？不论是“传统”的权威所基于的习惯经验，还是“法制”的权威所基于的规则，都是长期历史形成的，在某种意义上是经历过一定的历史回测检验的。至于“超凡魅力型”的权威，韦伯写到，“人们服从他，不是因为传统或条律，而是因为对他怀有信仰”[142]。

人们信仰“超凡魅力型”的权威，背后有一个隐含的基本假设，即前面讲到过的——某些能力在人群中是幂律分布的。在某些事项上，人群的能力是基本符合正态分布的，比如去估计一头牛的体重。这时采取完全民主的方式取人群的估计的中位数往往就是最佳的方案，即所谓“群众的智慧”。而在另一些事项上，人群的理解能力是基本符合幂律分布的，比如量子物理或者利率政策，那么大多数人都只能算是“乌合之众”。这时理应采取某种形式的尚贤制度。这样思考的结果部分会类似于“基层民主，上层尚贤”，因为“地方事务通常相对直截了当，而且容易理解”。[143]在大多数人是乌合之众而且自知是乌合之众的事项上，人们选择大概率地信任领袖，把带宽节省下来去处理那些自认为有智慧的其他事项。前面说到，在经济生活中大部分是循环经济，在循环经济之外组合新的生产要素的是企业家。在政府或者社会生活中，也有大部分是循环的。[144]在那之外能有作为的人，是人们需要的领袖——改革者。

再说第二个不太理性的层面。每个人都是生而孤独的，渴望着与外界发生关系。在被权威支配时，人与历史、与超凡魅力、与规则发生了关系。在接受支配的过程中，人们往往会错觉自己好像和更高的权威连体了。这可能是因为心理学上所谓的具身认知：生理体验激活心理感觉，反之亦然。[145]人在开心的时候会微笑，而如果微笑，人也会趋向于变得更开心。当更高的权威的意志略过了自己的意志直接指导自己的行为时，人容易由于其行为而反过来产生一种幻觉，好像自己的意志已经化为权威意志，而自己整个人也已经成为权威的一部分。可以去浦东机场看看那些疯狂的粉丝为娱乐明星接机的场面，他们幻想着在和超凡魅力发生关系。之前的章节里讲到自主感、胜任感、归属感，在上述幻想与权威连体的过程中，在极端的情况下，人为了追求归属感而完全放弃了自主感和胜任感。这种逃避，尤其在上世纪的人类历史中，造成了可怕的惨剧。

韦伯有个国家垄断暴力的经典说法："近代国家是组织支配权的强制性团体，它已经成功地做到了在一定疆域之内，将作为支配手段的暴力的正当使用权加以垄断。"[146]在他看来，国家和政府最重要的目的是实现支配。[147]

先想想为什么要有婚姻。撇开婚姻的契约性质不谈，为什么夫妻要在一起。除了生殖、种族的绵延、共同养育子女这些显见的原因，最重要的就是，两人组成一个共同体，以至于一方有时候可以替另一方做决定。婚姻是自我的延伸。在择偶时，价值观基本一致是很重要的，因为只有这样的一个人才可以确信另一个人替他做的决定大致会是他所想要的。门当户对和价值观一致是有一点正相关关系的，但不是绝对的。价值观不仅是生活习性方面，更重要的是趣味、格局。

那么人为什么要在一起组织成政府呢？正如洛克在《政府论》中写到的，“当某些人这样地同意建立一个共同体或政府时，他们因此就立刻结合起来并组成一个国家，那里的大多数人享有替其余的人做出行动和决定的权利”[148]。我们组成政府的目的是希望它能够在有些时候替我们做出行动和决定，即使不一定总是按着少数服从多数的原则。[149]

我不同意洛克在同一本书中另外写的、也更有名的论断，“因此，人们联合成为国家和置身于政府之下的重大的和主要的目的，是保护他们的财产；在这方面，自然状态有着许多缺陷”[150]。在第一章里讨论过关于财富。我不认为财产是这样本质的东西，以至于可以作为国家和政府存在的目的。凡是有可能作为其目的的，必须是关乎人本身的。洛克在这里舍本逐末了。联合成为国家和置身于政府之下并不是为了保护财产；相反，人们之所以建立财产这一人类的共同想象，是为了方便聚起来合作。正如《周易·系辞下传》里讲："何以聚人？曰财。"[151]

当罗尔斯在讲正义的两个原则的时候，他指出在"无知之幕"的概念下，"两原则与用于不确定条件下选择的最大最小值规则(maximin rule)之间有某些相似的地方"[152]。不难看出，罗尔斯讲的最大最小值规则与金融里的风险价值(valuc at risk)类似。罗尔斯正义论的思路，可以说主要是从风险的角度出发的。

和韦伯类似的，诺奇克在《无政府、国家和乌托邦》里写到，"从而我们得出结论，这种在一个地域内像所描述的那样处于支配地位的保护性社团就是一个国家"[153]。细微差别在于诺奇克讲的国家虽然处于支配地位，其更重要的是保护性，他所定义的国家的职能主要是要剥除所有人的安全的风险。然而诺奇克的最低限度的国家还是太窄了。

风险投资里有一个"洋葱理论"。一个初创公司面临着一系列可能的风险，发展的过程就是像剥洋葱一样一层层地剥除这些风险的过程。每剥除一层风险，也就跨过一个新的里程碑，伴随一轮新的融资。从投资人的角度，可以考察每一轮融资是否花在了剥除每一层风险上。

马斯洛的需求层次理论认为，人类需求像阶梯一样从低到高按层次分为五种，分别是：生理需要、安全需要、归属和爱的需要、自尊需要、自我实现的需要。[154]这每一层需要，也可以看作洋葱的每一层风险。前面说过，爱是领略、守护、成就他独有的美。义是自信、自尊、自强。马斯洛的生理需要和安全需要不妨统称为生存需要。在满足了基本的生理和安全需要之后，他说的归属和爱的需要大致对应领略和被领略美；自尊需要已经讲过，对应守护自己的美；自我实现需要对应成就美和自强。所以马斯洛说的高层次的三种需求正是我们说的爱的需要。人类需求可以概括为生存和爱的需要。或者也可以把马斯洛的前两个生存需要更多地视为需要规避的风险，而把后三个需要（也即爱的需要）更多地视为希望获取的收益。

人类要以政府或者其他形式组织起来，目的在于至少要充分满足生存需要，即剥除所有人的生存和安全的风险，同时也尽可能促进和创造能够满足其他的爱的需要的条件。[155]

阶级是一系列鄙视链

什么是阶级？

阶级的本质是一系列鄙视链。

我们知道，在阶级分析的传统中，马克思主义的基本思路是把阶级关系的差异归结于生产关系中权力（利）的差异，其中最重要的是剥削和支配模式。韦伯主义的思路是人们生活机会分布的不平等。涂尔干的角度则是职业团体。[156]

除了“阶级”这个名词以外，还有阶层、圈层等。这些词本质上都是把人群区隔成不同的团体。如果从统计学上来理解，这是一个统计分类问题，我们多半可以发现一些显著的自变量，比如财富、职业，甚至可能还会包括受教育程度、种族、性别、地域等。

然而我想说的是，这些阶级和圈层之所以形成，本质上是建立了一个团体对另一个团体的鄙视关系。

心理学上无数的实验证明了，即使把人群随机分组，他们也能很快地产生强烈的组内人对组外人的区隔意识。如果团体间在某基本变量上有明显的不同，那么各种歧视就不难产生了。歧是不同，歧视就是因为不同而产生鄙视。

举个例子，沃伦·巴菲特和查理·芒格的财富比我们要多很多，但是从他们的言谈和写作中，我们感受不到鄙视，因此阶级冲突在这里是淡化的。然而且不说美国当年的种植园主和黑奴，我们之前有时候在社会新闻里读到的某些城管和小贩之间发生的冲突，虽然他们各方面的差别并没有那么大，但可以感受到的是浓浓的鄙视。

社会新闻中更多的鄙视来自越来越多的有闲阶级(或者说食利阶层)。凡勃仑写到，“有闲阶级制度是足以造成下层阶级的保守性的，其方式是尽可能地剥夺后者的生活资料，使之消费缩减、精力消耗到这样的地步，以致更无余力从事于学习和采纳新的思想习惯。在金钱的等级上，财富既然集中在等级的上一端，下一端就必然陷于贫困。无论哪里发生了人民中某一部分陷于极度贫困的情况，对任何革新总是一个严重障碍，这一点是人所共知的”[157]。有闲阶级制度不仅造成下层阶级的物质的稀缺，而且更重要的是同时造成了他们的稀缺心态，使之在人的意义上无法充分发展，从而严重阻碍了人类总体的发展。[158]

哈耶克也描述过：“这样一个有闲集团，它会产生出许多花天酒地的闲人，人数会多于学者和公务人员，这些人一掷千金地挥霍，会使公众为之侧目。”[159]哈耶克辩说这是自由所必须付出的代价。但是他的逻辑有些混淆，比如他接下来写到，“另外还有一点也是确实的，那就是即使有些人花起钱来大手大脚，在其余的人看来很不顺眼。但是，生活中的试新鲜的做法，哪怕是最荒唐的，我们也很难一口断定这种做法无论如何都不会产生普遍有利的结果”[160]。本来是在说去夜总会纸醉金迷，怎么一下子就变成车库创业者了呢？肆意挥霍的闲人和实现财务自由然后追求其他梦想的闲人，不是一回事呀。区别在于不禁欲和禁欲。或者说区别在于究竟是为了享乐而赚钱，还是“纯粹为了赚钱而赚钱”。哈耶克把这个关键点搞错了。

关于不禁欲和禁欲的差别，请来仔细读一下韦伯。韦伯说的新教伦理与资本主义精神，是一种“纯粹为了赚钱而赚钱的入世禁欲主义”[161]。赚钱成了增添上帝的荣耀的天职。[162]

新教主要是基于这样一个预定论的逻辑，于是任何人的行为都不能赢得救赎。[163]我们行动的意义仅在于我们可以从中证明我们是否从一开始就是上帝的选民。这样一个很绕的逻辑反而非常强大：人们必须要通过既入世又禁欲的行为来证明自己是上帝的选民，于是拼命赚钱。[164]完全不为享乐而赚钱，纯粹为了赚钱而赚钱。必须指出，韦伯说的资本主义精神中非常重要的是禁欲的成分，毕竟它是从新教伦理而来的。而现在世人却多以为资本主义精神就是赚钱，忽略了前面重要的"纯粹为了赚钱"的定语。"财货有余，是为盗夸。非道也哉！"[165]

入世禁欲主义并非资本主义所专有。王阳明讲的"知行合一"也是入世禁欲主义。他说"须在事上磨练"[166]，是入世；他又说"去人欲，存天理"[167]，是禁欲。

韦伯描述的为了证明自己是上帝的选民的逻辑，实际上正是要守护自己的美。但是这样的为了赚钱而赚钱，还不能算作是在成就自己的美。所以韦伯笔下的新教伦理，还不是我们前面所描绘的感受到被爱的劳动。

爱是普遍的。消灭阶级是我们的理想。爱打破一切篱栅。而正是爱的反面——鄙视，建立起了那些篱栅。

06

爱的反义词是鄙视

“通俗地说，鄙视溢价就是人们为了显摆而愿意为商品多花的那部分钱。”

对一切鄙视说“不”

爱的反义词是什么？

很多人以为爱的反义是恨。另一些人说不对，爱的反义不是恨，是淡，是漠然。我说，爱的反义不是恨，也不是淡，是鄙视（despise）。[168]鄙视同时包括轻蔑（contempt）和厌恶（disgust）两重意思。[169]轻蔑是觉得对方低我一等，厌恶则更是觉得对方丑。鄙视是最能毒害婚姻关系，或者说毒害所有人际关系的。[170]鄙视人的时候不把人当作人，不能领略对方的美，也不会去守护和成就对方的美，反而是在获得自负感的同时完全拉开和对方的心理距离。

人们经常会想去追问"他到底爱不爱我"。其实有个办法就是把问题换成"他有没有鄙视我身上哪一点？而那一点是我通过努力可以改变的吗?"如果他鄙视你身上某个缺陷，而你又无法改变它，那么朋友，劝你放弃吧。

细心的朋友可能会说，这两组问题不完全等价呀？事实上，当一个人需要问他到底爱不爱我的时候，答案一般都是"不爱"。[171]如果真的爱的话应该是可以感觉到的，是不用这样提问的。所以她想问的其实是，他未来到底有没有可能爱我？

恨和爱是对立统一的，可能相互转化，所谓"由爱生恨，由恨生爱"。淡是爱到尽头后的归零，总还是有旧情复燃的可能。而鄙视是不可能转变成爱的。[172]

义是对一切鄙视说"不"。

前面说过，义是自爱。人类的义就是爱人类自己。爱的反义词是鄙视。义是反对人间的一切鄙视。

有一个著名的"最后通牒博弈"。规则很简单：两个人共有比方说 10 颗豆子，由甲来决定分几颗给乙。乙决定是不是接受。如果接受，甲和乙都能得到甲决定的分配。不接受的话，甲和乙什么都得不到。

如果甲和乙都是人，甲一般会把 30％以上分给乙，而乙在觉得不平的时候会回绝，甘愿什么都得不到。如果甲和乙是猩猩或者其他动物，不论甲给乙多少，乙从来不会回绝，它觉得有点总比没有强。[173]

人乙为什么愿意付出代价去回绝呢？因为他在分配的过程中感受到了鄙视。假如人甲是有正当理由（比如我食量大很多）而采取不均分配的，那么乙往往也可以接受。“不患寡而患不均”[174]，其实患的是不均背后隐含的鄙视。

所以，只有人会对鄙视说“不”。或者说，只有人才有义。这是人和动物最本质的差别。

现在许多慈善公益都关注于如何激发更多的同情。这世界上其实并不缺同情。恻隐之心，人皆有之。还不止是人，实验研究表明，许多动物比如猴子、老鼠都会对同类有恻隐之心。注意观察，每个人的同情心和同理心在适当的场合下都会表现出来。但是，同情心、同理心毕竟还不是爱。

人为什么会有鄙视呢？鄙视是源自人那与生俱来的孤独。“对人来说，最大的需要就是克服他的孤独感和摆脱孤独的监禁。”[175]要克服孤独感必然要去和他人建立关系。有两种选择，一是建立爱的关系，“对人类存在问题的真正的和全面的回答是要在爱中实现人与人之间的统一”[176]。二是建立鄙视链，试图由被鄙视者反衬出自己的定位。这有点像一个人掉进游泳池里，爱是选择逍遥游，而鄙视则是竭力去抓个东西寻找锚定。

为什么鄙视在持续增长呢？有个词叫“累觉不爱”。在快速变化的社会里，在指数增长的信息面前，我们的心力太涣散了。爱比鄙视需要更多的心力。每个人都会在一些场景下有鄙视，不论显性的或隐性的、有意识的或下意识的，尤其在我们处于心力稀缺状态的时候。

鄙视也许在某些时候符合我们的情感本能，但由之产生的不把人当人的态度，正是一切不道德的根源。

如何判别道德或者不道德呢？如果回到密尔的不伤害原则，对于许多例子并不好解释。[177] 比如说卖淫，在过程中双方各取所需，没有对其他人造成具体的伤害，为什么算不道德呢？有的解释会说对婚姻产生了不好的范例效应等，这有些牵强。

不把人当人，或者说把人给物化（objectify）了，是一切不道德的根源。比如在卖淫这个例子中，正是由于女性被物化了，因此我们认为不道德。是把人当人，还是把人当物，应该是道德上最重要的判定。把人当人，当作平等的人。[178] 道德其实就这么一条。

再比如自杀。自杀一般来说是不道德的，因为首先物化了自己。[179]

举一个不那么显然的例子。一个女生说，我要和他分手，因为他不能带给我想要的生活。请感受这句话中隐含的物化。另外明星也是往往被物化了的。[180]

康德说，“决不把人这个主体单纯用作手段，若非同时把它用作目的”[181]。我说的物化可能比康德说的手段还要更广一些。当鄙视某些人的时候，他们或许被作为工具，但有时候甚至于连作为工具都不配，只是一个被视而不见的物而已。[182]人如蝼蚁，命如草芥。

在计划社会中，从计划者的角度，被计划者往往被物化了，被视为一个个零件。这是计划社会的最大的问题，哈耶克之前讲计划社会的最主要问题是缺乏价格的信息传导机制。[183]最近有些言论说随着大数据和人工智能，是不是在未来又可以回到完全的计划经济了。但是计划社会最大的问题是被计划者因为被物化、被不爱而必然造成的劳动的负效用。这是计划与生俱来的伤，不是大数据可以解的。

资本主义社会的最大问题同样是人的物化。人的物化的极致形式是奴隶制度，比如近代资本主义实现原始积累时期的贩奴贸易。现在人们多以为贩奴只算是资本主义的原罪，到林肯为止。其实不然，贩奴运动暴露出来的一种将世间所有（包括所有人与人之间的关系）都金融化（或者说货币化、资本化）的企图，至今仍然是资本主义的魂，本质上还是包括了人的物化。

马克思说，“专制制度的唯一原则就是轻视人，蔑视人，使人不成其为人”[184]。

爱和鄙视都是人与人之间的关系。最大的区别在于，爱的关系是直接的人—人关系；而鄙视关系总是要通过物的，是人—物—人关系。

前面说过大美是绝对的，因此它已经脱离了因果。所以老子说，“天下皆知美之为美，斯恶已；皆知善之为善，斯不善已”[185]。同样，《大话西游》中的追问“爱一个人需要理由吗？不需要吗？需要吗？真的需要吗？”真正的爱脱离了因果，不需要理由。爱就是一个直接的人—人关系。我爱他，不需要讲逻辑。

而鄙视关系都是要通过物的。鄙视总是需要一个逻辑：我有它，你没有它，所以我鄙视你。正因为鄙视不是天然的，我们总是需要去找一个理由。鄙视和物化是有千丝万缕关系的。

鄙视就在我们的身边，在美国的种族间，在印度的种姓间，在中东的宗教间，在中国的城乡间。比如要理解日本，就需要理解它文化中鄙视和反鄙视的怪圈。[186]在国内，机动车右转的时候一般是不避让行人的。即使是驾车这么一点小小的权力，也可以让司机对步行者产生隐隐的鄙视。[187]

而另一方面，即使付出代价，也要对鄙视说“不”，正是人类独有的最可贵的品质。想想那些最伟大的人，耶稣、佛陀、马克思、甘地、曼德拉等，他们的毕生事业都是在反对鄙视。[188]

国内之前有一些社会现象，往往被总结为仇富。其实老百姓愤慨和反对的都不是富，而是少部分人由富带来的鄙视。

那么有一个问题：在反对鄙视的义的过程中，如果和法律产生了冲突，该怎么办？在电影剧情中相当比例的动人故事都是这样法义不相容的情形，最近一个典型的现实例子是“刺死辱母者”[189]。

答案是：先取义，再伏法。法和义孰先孰后，在孟子时候已经说明白了。甘地、曼德拉都是很好的例子。另一方面，如果在判决的时候拘泥于法，而不考虑义，也是很不妥的。前面说过法律只是在进化中的迷因，采取类似大陪审团制度或许有助于综合对义的考量。

鄙视溢价

请允许我造一个词，鄙视焦虑（despise anxiety）。

这个社会里大家都挺焦虑。焦虑主要是源于对被鄙视的恐惧。在贪婪和恐惧两大人性中，从来都是恐惧比贪婪更重要一些。在鄙视链的生存斗争中，恐惧是比贪婪更重要的驱动力。我们恐惧被鄙视，因为我们以为爱都是有条件的，达不到条件就不会被爱，就会被鄙视。姑娘为什么要去做医美整容，因为她觉得被爱是基于她漂亮的外貌，不漂亮就会被鄙视。在生活中还常见到在对孩子教育的过程中给爱预设条件：你不乖的话妈妈就不喜欢你了，你不好好听课老师就不喜欢你了。

心理学上有个著名的依恋理论,把儿童的依恋类型分为焦虑—回避型、安全型、焦虑—抗拒型。[190]儿童时是否建立安全依恋关系会影响成人后的社交和恋爱心理。[191]安全依恋的本质正是对无条件的爱的信心的强弱。如果我们对可以获得无条件的爱有充分的信心,那么我们的心是安全的,既不会去焦虑,也不会去回避。实证研究表明,美国教徒的幸福感相对更高。[192]很可能也正是因为基督教中称神爱是无条件的,教徒对无条件的爱有更深刻的信念。[193]而如果我们相信爱是有条件的,则我们的心始终是不安全的。比如一个姑娘如果相信别人对她的爱是以她的外貌为条件的,那么不论她怎样去持续整容,她始终是焦虑的。甚至很可能是越来越焦虑的,因为她去整容的行为选择进一步加深了她自己的关于有条件的爱的信念。[194]

凡勃伦说因为鄙视而产生的消费是浪费[195],他认为这样的浪费是为了博取名声[196]。或者换一个说法,这些浪费是因为鄙视焦虑而产生的,是为了在鄙视链上争取一个更好的位置。

请容许我再造一个词:鄙视溢价(despise premium),简称鄙溢。

商品的价格包括两部分:使用价值带来的合理的交换价值和鄙视溢价。

iPhone 土豪金版上市的时候,比其他颜色版本的贵 1000

元。性能没有差别，颜色带来的审美体验差别也没多少，绝大部分就是鄙视溢价。再比如说，饭店里的酒水为什么会比超市里的酒水贵很多。其中的大部分也是鄙视溢价，越贵的酒其中的鄙视溢价越多。

通俗地说，鄙视溢价就是人们为了显摆而愿意为商品多花的那部分钱。

对于每一类商品来说，随着性能、品质的线性升级，对应着的是价格的指数性增长，比如女士挎包、腕表等品类。俗话说，买的就是个牌子。经济学上一般说的品牌美誉度包括人们对商品特有的好感、对品质的信任程度等。巴菲特说到特许权价值，更多的是从这个角度，因为他举的例子是美国捷运和可口可乐。而我们这里讨论的牌子更多是爱马仕和 82 年拉菲。

在和老百姓的衣食住行密切相关的商品的价格中，鄙视溢价的成分很小，也因此它长期被经济学家们所忽略。

鄙视溢价可以帮助解释许多的价格现象。比方说钻石的价格，绝大部分来自鄙视溢价。[197]玉石、海南黄花梨木、曾经的普洱茶等，都是类似的。如果从商品属性来看艺术品，其价格中的绝大部分都是鄙视溢价。甚至星巴克在进入国内早期的价格里的部分也可以算是鄙视溢价。[198]

艺术品投资是在 20 世纪 60 年代的美国兴起的。[199]钻石产业也只是过去一两百年的事情。这些鄙视溢价占其价格主要部分的产业，是随着资本主义从生产主导型社会向消费主导型社会转型而产生的，诞生于马克思去世之后。

作为商家，有两种商业模式可以选择。

一种商业模式是去生产使用价值占主要的商品。这一类企业往往利润微薄。要想产生合理的剩余价值，得按照之前讲到的，关键在于合理组合生产要素，尤其要知人善任。

另一种商业模式是去赚取鄙视溢价。这些行业可以非常暴利，比如钻石业。这类商业模式的最大难点在于需要去凭空创造一条鄙视链，并且使它广为接受成为社会迷因的一部分，然后就可以躺着赚钱了。

比如钻石的4C标准是一个经典的鄙视链，奢侈包包、腕表等在厂商和时尚媒体的合谋下也有了非常完备的鄙视链。互联网公司开发的各种颜色的贵族特权，也是凭空造出的一条条鄙视链。网络直播平台和游戏平台的各种道具，都是鄙视链，赚的都是鄙视溢价。直播平台上刷送赛艇，主要是为了鄙视在场的其他人。

再有一个例子是刚刚火起来的知识付费。为知识付费的商业模式一直没火起来，直到最近流行的一个词——知识焦虑。所谓知识焦虑，本质上就是鄙视焦虑。因为不知道某知识，所以担心受到鄙视而焦虑。商家们这次找准了鄙视焦虑这个要害，所谓知识付费赚的其实主要是鄙视溢价，目前的知识付费产品看起来都还有提升的空间。

然而作为消费者如果试图通过追逐鄙视溢价来克服鄙视焦虑，那将是个没有尽头的隧道，总有更贵的东西、更高的溢价在等着你。“在这个行当里，你永远不会觉得自己有钱，你所获得的只能是新的相对贫困的境遇。”[200]

前面以能力的幂律分布为基础讨论过明星为什么收入高，但还远不止于此。之前讨论的那一部分可以算属于正常劳动所得，明星收入中占比更大的部分来自鄙视溢价。前面讲到了具身认知，人们渴望和超凡魅力发生联系。明星收入的大部分溢价来自我们希望和他发生联系。此时，我们把明星当作商品来消费，为了可以把这种体验晒在朋友圈里。因为我和他有联系，而你们和他没有联系，所以我在鄙视链上的相对位置应该更优一些，大致是这样的逻辑。

这些现在被视为明星的职业（比如演员），在亚当·斯密的年代里却是被鄙视的。《国富论》里把他们的高收入解释为对他们所蒙受的屈辱和鄙视的补偿。[201]但是在现今社会中，他们摇身变成了最光鲜的人群，鄙视补偿自然是不存在的了。反过来，社会有鄙视补偿那些比如从事废品回收或者环卫的工人吗？即使有，也是微不足道。

再有一个例子。古时候买姑娘来做妻子的价格比买来做妾的价格要低很多。一种解释是类似斯密说的鄙视补偿。[202]在现今社会里有类似的现象：为小三的花费往往要比原配高很多。这其中有小部分可能确实是因为补偿小三所承受的鄙视，但其中更大的部分还是可以理解为鄙视溢价。愿意付费的一方为什么要有小三？主要还是因为他觉得这样会有面儿。

如果可以运用计量方法创造出一个鄙视溢价综合水平指数，相信它是可以帮助描述社会状态的非常优秀的指标。鄙视溢价综合水平越高，名、权、利之间的相关系数就越高。社会的腐败水平与鄙视溢价综合水平是强正相关的。官员们的贪腐并不全是出于贪婪，而主要是因为他们也身陷在全社会形形色色的鄙视链中，心怀鄙视焦虑。色情业的蓬勃与鄙视溢价综合水平也是强正相关的。综合来看，估计中国的鄙视溢价综合水平近几年有从高点回落，但仍接近于镀金时代的美国，高于当下的美国。而美国也以 2016 年的大选标志着社会鄙视水平近年来的新高。

另一个猜想是鄙视与革命强相关。比如法国大革命前夕，全社会都在互相鄙视。[203]而且社会不是在最苦难的时候鄙视程度最高；反而是在刚好起来的时候，一些人的境遇比另一些人改善得多，然后他们就开始互相鄙视。[204]马基雅维里说，君主必须考虑怎样避免那些可能使自己受到鄙视的事情。[205]我加一个比较显然的推论：君主必须小心避免启用那些佞臣。他们或者是政治投机分子，或者也许就是“高级黑”。有的仗着某次被君主的接见或者座谈，在外面大言不惭，但终究是可鄙之人。任用可鄙之人可能会给君主带来危险。

弗洛姆说爱是一门艺术。我说，爱是一个选择。一个人可以选择去相信爱的真理，也可以选择去相信鄙视链的逻辑。这实际上是他一辈子所做出的最重大的选择，因为他的一生幸福取决于此。

有句歌词说，让世界充满爱。听起来挺美好的，想起来挺难的。要许多许多爱才能把这个世界充满。而如果没有鄙视，就没有鄙视焦虑，也没有鄙视溢价，更没有阶级，所有的都是它本来应该的样子。“是法平等，无有高下。”[206]

前面说过，平等和自由是文明进化自然选择的结果。“当然，民主这个概念注定会产生混乱和歧义”[207]，但是有理由相信它也是文明进化自然选择的结果。平等、自由、民主这些崇高理念都是道法自然、大势所趋。历史潮流浩浩荡荡，即使偶有反复，最终必然百川归海。我们终会到达那向往着的崇高理念趋近于最终实现的大海。这不以人的意志为转移，也和咱们凡夫俗子的个别努力关系不大。便是讨论这些理念孰先孰后，也只是惘然。[208]绝大部分人都没有能力去兼济天下，咱们能想想的也就是如何独善其身。

独善其身大致包括两件事：从事创造性的正效用的劳动，唯有创新使人不朽；同时每日三省吾身，反省自己有没有鄙视。反省鄙视是远离不道德，而创造性的劳动是追寻美德。[209]

为什么会有鄙视？因为着相了。《金刚经》里讲，“世尊，我今得闻如是经典，信解受持，不足为难。若当来世后五百岁，其有众生得闻是经，信解受持，是人则为第一希有。何以故？此人无我相、人相、众生相、寿者相。所以者何？我相即是非相，人相、众生相、寿者相即是非相。何以故？离一切诸相，即名诸佛”[210]。

我想要一个没有鄙视的世界。[211]

格局和幸福

人生的过程是做一系列的决定。每一个决定都不妨以数学的语言理解为在约束条件下的最优化。人生最大的两个约束就是生命的有穷和心力的稀缺。[212]因为生命有穷，所以我们更追求不朽，然而往往却是“还未如愿见着不朽，就把自己先搞丢”[213]。真正的不朽只有两种方式，通过迷因和通过基因。通过迷因实现不朽意味着创造或者变异迷因，参与到它的进化过程中。创造出宏大的哲学理论或者发现伟大的物理定律自然应该算，但其实远不止。写本小册子，发明个小玩具，改进大家系鞋带的方法，都是在进化迷因。所有这些也都可以理解为各种形式的创新。通过生儿育女传递基因，同样也可以理解为广义的创新。

唯有创新使人不朽。

前面说，价值观不仅是生活习性方面的，更重要的是趣味、格局。那么什么是格局？

人生的过程是一系列的在约束条件下的最优化。在数学上，这包括三件事：约束条件；优化谁，即目标函数；怎么优化，即优化算法。格是推究，是优化算法。[214] 局是局势，是约束条件。至于人生的目标函数是什么呢？就是幸福。幸福是什么？幸福就是人生的目标函数。[215] 我把这作为幸福的定义。这是公理性的，不证自明。

格局就是追求幸福的人生优化求解的过程。

请注意，在人生中，幸福才是目标函数，财富只是约束条件。有趣的是这是一个动态最优化的过程。财富作为重要的约束条件，是随着时间、机遇和努力而变化的。一般来说，如果财富越多，那么随着该约束条件的边界的扩大，可优化的域越大，最优解也就越好。简单说，财富越多，人就可能越幸福。

然而这也只是可能。因为除了约束条件之外，还有一个重要的因素是优化算法。人在给定约束条件下主观如何去决策，往往会无意识地遵循像数学算法一样的套路，换一个词是人的心智模式。[216]

古人常说君子和小人，其实小人不是指坏人。格局小的人就是小人，所以我们每个人都是某种程度上的小人。子曰，"君子怀德，小人怀土；君子怀刑，小人怀惠"[217]，正是指优化算法和心智模式上的差别。

在机器学习的时候，对于一般的最优化问题，可以运用比如梯度下降的方法，求全局最优解，这并不难。然而在不一般的最优化问题上，常常碰到这样的情况：当优化算法不合适的时候，如果放松了约束条件，反而更无法收敛到最优解，这时我们反而会希望约束优化空间。

人生如此诡谲，自然是不一般的最优化问题。这时某些约束条件（比如财富）如果太宽，反而不是好事。当一个人为富不仁的时候，其实是因为他的优化算法（即心智模式）还不够强大到可以适应他的约束条件（即财富）。给一个心智模式不够发达的人太多钱，反而是害了他，最终他会离幸福越来越远。这也正是前面讲到的财富的无限制继承是不应当的另一个重要的原因。财富的无限制继承制度还有一个重要的危害在于它为鄙视的代际延续和阶级的僵化提供了经济上的动机。[218]

人生也可以理解为一个自我和环境持续博弈的过程，有点像是在和环境对弈围棋。围棋里有个术语"大局观"，基本上是有大格局的意思。当下大局观最好的正是人工智能算法程序——阿尔法狗。在阿尔法狗击败人类棋手的棋局中，体现它卓越大局观的一大特点是屡次脱先。脱先是一个围棋术语，意思是在对局双方的接触战中，对对方的着法暂时置之不理，争得先手投于它处。类似的，在人生这个和环境的持续博弈过程中，绝大部分人都在疲于应对环境，然而少部分有大格局的人则可以果断地脱先，日后得大成就。大家熟悉的例子比如盖茨和扎克伯格从哈佛大学退学，实际上就是在人生的博弈中脱了个先。善于脱先的人生是“开挂”的人生。请注意这里说的是善于脱先，而不是敢于脱先。在围棋的对弈中，合适脱先的情形总是少数，大部分情况下局部的应对不妥善处理是要崩的。最近网络上有人支持实习生休学[219]，则属于有勇无谋的脱先。

再举个算法的例子，近年来深度学习的崛起要感谢随机梯度下降算法。类似的，在人生中也可以有意识地添加随机性，否则这缺乏随机性的生活就像毛姆笔下的有轨电车。[220]然而当我们面对带着随机性的奇遇的时候，往往又没有经验，不知道该怎么办才好。[221]

随机性是无常。《小王子》中狐狸要的生命中的仪式感[222]，在本质上讲是无常中的有常，我这里补充讲的是有常中的无常。我想象的美丽人生是有常中有无常，无常中有有常。比方说，什么是浪漫？浪漫就是给你的爱人有常中的无常和无常中的有常。

我之前写过关于幸福的境界[223]，现在谈谈幸福感。

林语堂说，人生幸福，无非四件事：一是睡在自家床上；二是吃父母做的饭菜；三是听爱人讲情话；四是跟孩子做游戏。[224]这是关于幸福感的最贴切的描绘。人的幸福感，几乎全部来自感受他和人的关系。[225]

马克思说过，人是一切社会关系的总和。[226]首先的是人和自己的关系，其次是和最亲近的人的关系，然后再外延出去。千万不要忽视第一点。许多人之所以抑郁、焦虑，本质上是因为他对待自己和他人有双重标准，对自己太不友善，和自己的关系太差。

在语言中一个单词出现的次数与它在频率表里的排名成反比。[227]类似的，幸福感也符合幂次法则。粗略地说，幸福感的一半取决于你和自己的关系，四分之一取决于你和家人的关系，八分之一取决于你和同事的关系，十六分之一取决于你和密友的关系……这样的分布主要是由交互的时间和频次决定的。当你和他在一起的次数越多、时间越多，跟他的关系对你的幸福感影响就越大。[228]

人生要有幸福感，无非三件事：珍爱身边人[229]、珍爱枕边人、珍爱自己。

幸福感来自由己外推的幂律分布的感受。这样的梯度网络，很像中国传统家族的差序格局。[230]前面说过，财富也是一个人际间的权利网络，但那个网络非常平，所谓世界是平的。

一个有趣的事实是，非常平的财富权利网络结果会造成非常不平的符合幂律的财富分布。举个例子，房间内 100 个人，每人有 100 元，每分钟随机给另一个人 1 元，最后这个房间内的财富分布是怎样的？反直觉的答案是接近于幂律分布。[231] 而梯度的幸福感网络，却使得不论富贵贫贱，幸福感的体验差不太多。[232] 在这个意义上，社会终究还是蛮平等的。子曰，“不义而富且贵，于我如浮云”[233]。这两个网络之间的矛盾，也正是资本主义社会的症结。

有些经济学家用享乐主义的效用来理解幸福感[234]，他们的问题在于把我说的幸福感和鄙视焦虑的缓解混为一谈。他们说幸福感倾向于回归“长期均值”，即长期且稳定的水平，这是我说的幸福感，其是由和人的关系决定的；而那些短期存在的比如“相邻比较”，一个人从经济的成功所能感受的幸福依赖于他可以参照的同伴们的成功程度，本质上则不是幸福感，而只是鄙视焦虑的暂时缓解，即将被新的甚至也许是更深的鄙视焦虑所取代。

如果把一个人可能的婚恋对象排成一列，那么他们的各项吸引力指标从客观来看基本上都是按照正态分布的。[235] 然而他对于这些不同对象的情感投注，却往往是幂律分布的：至少还有你，全世界我也可以放弃。这样产生了一个悖论。看起来人采用这样的策略是不理性的，因为如果在投资中，当我们面对这样的一组资产，比较合理的办法可能是构建一个风险平价投资组合，而不是重注在其中个别的资产上。另一方面，恰因为相当多的其他动物并不采用类似的策略，又不禁让我们相信采纳这样的策略是进化自然选择的结果。

只剩下一种合理的解释：当一个人在一段感情关系中投注精力和时间的时候，他可以获得的效用不是随着精力和时间线性增长的，而可能是指数增长的。在这种情况下，人们才有合理的激励去持续地把主要心力投注于某一段感情关系。我为这起个名字，叫作爱的复利。

爱的复利是婚姻制度的基础，也是一夫一妻制的理由。传说爱因斯坦曾经说过，复利是世界第八大奇迹。爱的复利本该是人间最大的奇迹。

然而我们绝大多数人并未能够体验到爱的复利，这就好像我们绝大多数人都不能够像巴菲特一样享受到财富增长的复利。复利增长最重要的是注意不亏钱。[236]而如果我们反省自己，在每一段关系中，曾经有多少的点滴不注意地损害了这段关系呢？假如一个人可以累积爱的复利，那么在人生的终点，他将有多幸福。

我祝每一个人都可以和他最心爱的人一起收获爱的复利。

跋

“如果有时候我采用了断然的语气，那绝不是为了要强使读者接受我的见解，而是要向读者阐述我是怎样想的。我为什么要用怀疑的方式提出在我看来一点也不怀疑的事情呢？我要确切地说出我心中是怎样想的。”[237]

诺奇克写过，“我此时此刻反思人生中什么事物是重要的这个问题，我所依据的只有自己目前的认识，它在某种程度上源于我对他人认识的理解。毫无疑问，这是会改变的。一个人在著书立说、拓展他人的见解时，得体的做法难道不该等到自己的思想臻于成熟之后——甚至打算在自己死后——才让它出版问世吗？但是，这样的思想有可能在其他方面有所降低，例如在活力或生动性方面”[238]。

最后请让我引科斯的一段话作为结尾。当然我并不是学者，不同意我的也不会仅是经济学家。

“我很清楚，许多我尊敬和钦佩的经济学家不会同意我所表达的看法,有些人甚至会被这些看法激怒。但是一个学者必须具备这样的认知:如果他所说的话有错,不久就会有人指出了;至于那些正确的,他可以期待着最终看到被人接受,只要他的生命足够长。”[239]

黄徽

2017年初秋　于上海

❶ 朱光潜:《西方美学史》第 2 版，北京:人民文学出版社，2002 年。伯克:《关于我们崇高与美观念之根源的哲学探讨》，大象出版社里译为“一位超出表面研究事物的人，尽管有可能他是错误的，但他却为他人扫清了障碍，或许他的错误有幸敲开了真理的大门也未可知”。

❷ [以]尤瓦尔·赫拉利:《人类简史》第 1 版，林俊宏译，北京:中信出版社，2014 年。“不管是汉莫拉比还是美国的开国元勋，心中都有个想象的现实，想象着这个世界有着放诸四海皆准、永恒不变的正义原则(例如平等或阶级)，但这种不变的原则其实只存在于智人丰富的想象力里，只存在于他们创造并告诉彼此的虚构故事中。这些原则，从来就没有客观的正确性。”“然而，‘虚构’这件事的重点不只在于让人类能够拥有想象，更重要的是可以‘一起’想象，编织出种种共同的虚构故事，不管是《圣经》的《创世纪》、澳大利亚原住民的‘梦

世记’，甚至连现代所谓的国家其实也是种想象。”“除了存在于人类共同的想象之外，这个宇宙中根本没有神、没有国家、没有钱、没有人权、没有法律，也没有正义。”

❸ [英]亚当·斯密：《国富论》第1版，杨敬年译，西安：陕西人民出版社，2001年。

❹ [英]丹尼斯·罗伊德：《法律的理念》第1版，张茂柏译，北京：新星出版社，2005年。“不过我们必须明白，虽然‘财产’经常被人这样随便地使用，不是指东西本身，就是指存在于那样东西上的权利，但是‘所有权’的观念却与任何它所指称的实际东西不同，因为它不过表示由一套法律规范中产生的一种法律关系而已。”

❺ [英]约翰·洛克：《政府论·下篇》，叶启芳、瞿菊农译，北京：商务印书馆，1996年。“谁把橡树下拾得的橡实或树林的树上摘下的苹果果腹时，谁就确已把它们拨归己用。谁都不能否认，食物是完全应该由他消受的。因此我要问，这些东西从什么时候开始是属于他的呢？是在他消化的时候，还是在他吃的时候，还是他煮的时候，还是他把它们带回家的时候，还是他捡取它们的时候呢？很明显，如果最初的采集不使它们成为他的东西，其他的情形就更不可能了。劳动使它们同公共的东西有所区别，劳动在万物之母的自然所已完成的作业上面加上一些东西，这样它们就成为他的私有的权利了。

谁会说,因为他不曾得到全人类的同意使橡实或苹果成为他的所有物,他就对于这种拨归私用的东西不享有权利呢?这样把属于全体共有的东西归属自己,是否是盗窃行为呢?如果这样的同意是必要的话,那么,尽管上帝给予人类很丰富的东西,人类早已饿死了。我们在以合约保持的共有关系中看到,那是从共有的东西中取出任何一部分并使它脱离自然所安置的状态,才开始有财产权的;若不是这样,共有的东西就毫无用处了。而取出这一或那一部分,并不取决于一切共有人的明白同意。因此我的马所吃的草、我的仆人所割的草皮以及我在同他人共同享有开采权的地方挖掘的矿石,都成为我的财产,毋需任何人的让与或同意。我的劳动使它们脱离原来所处的共同状态,确定了我对于它们的财产权。"

❻ [英]约翰·洛克:《政府论·下篇》,叶启芳、瞿菊农译,北京:商务印书馆,1996 年。"由此可见,我们不必假定亚当有对全世界的排斥一切其他人的个人所有权和财产权,因为这种权利既无法证明,又不能从中引申出任何人的财产权;而只要假定世界原来是给予人类子孙所共有,我们就能看到劳动怎样使人们对世界的若干小块土地,为了他们个人的用途,享有明确的产权,在这方面不可能有对权利的怀疑,亦不可能有争执的余地。"

❼ [印]阿玛蒂亚·森:《正义的理念》第 1 版,王磊、李航译,北

京:中国人民大学出版社,2012年。再看另外一个例子。“在这个例子中,读者可以思考一下,究竟哪个小孩子——安妮、鲍勃还是卡拉——应该得到那支被他们挣来抢去的长笛。安妮说,她应该得到长笛,因为三个人中只有她会吹奏(其他人对此并未否认),而唯一会吹奏的人却得不到长笛是非常不公正的。如果只听到这里,那么将长笛给安妮无疑具有十分充足的理由。设想另一个场景,此时鲍勃发言。鲍勃认为,他是三个人中最贫穷的,没有自己的玩具,而长笛恰能成为他玩的东西(其他两位承认自己更富裕且有很多好玩的东西)。如果你只听到鲍勃的这番话,那么将长笛给鲍勃的理由也是很充分的。在第三个场景中,卡拉开口了。她争辩说,自己一个人辛苦了好几个月才制作出这支长笛(其他两人承认这一点),但她刚刚制作完就抱怨道:‘就在那时,这些掠夺者要从我手里抢走它。’如果只听到卡拉的这番话,你极有可能认为,长笛这件由她自己制作的物件,给她才是合情合理的。听完上述三个人不同的理由,要做出决定真是一件难事。不同学派的理论家,如功利主义者、经济平等主义者以及务实的自由主义者,可能都会认为公正的解决方案一目了然,但是他们各自认为正确的方案几乎肯定是各不相同的。”当三个人所有的兴趣都只在一支笛子上的时候,这个问题是没有解的。而实际上每个人都有自己的生活,我们可以考察他们各自在所有物品上的使用价值的分布。分两步来思考这个问题,首先我们看人与人之间的权利网络的变化,然后再看由人们不同的知识和兴趣引发的交换。也就是按照我们之前的讨论,先考察第一组输入变量,再考察第二组输入变量。当卡拉制成了这支长笛,假设其他所有环境都没有变化,她的这项功绩理应使人与人之间的权利网络向着有利于她的方向偏移,具体的偏移量由其他人的认可度所决定。也就是说,卡拉的财富总量应该相对上升。注意这里的过程,并不是因为卡拉制作了长笛,她便自动占有了长笛。而是她制作长笛这件事情本身增加了她的权利,然后这个增加的权利映射到万物中去。劳动不是使劳动者对该劳动的对象物品直接获取了占有权,而是劳动为劳动者在人类权利网络中赢得更大的权重,这更大的权重再通过我们描述的映射函数决定财富归属关系的变化。接下来考虑人们不同的知识和兴趣。既然长笛对拥有最多的知识和实际兴趣的安妮会产生更大的使用价值,那么她应该愿意放弃在她的使用价值分布上相对较低的物品。于是通过接下来可能发生的多边和多重交换,最终安妮会获得使用长笛。至于鲍勃,他的贫穷是一个和长笛本身不相关的问题。不合理的贫穷是因为人类权利网络的不合理。

❽ 王阳明撰,邓艾民注:《传习录注疏》第 1 版,上海:上海古籍

出版社,2012年。“希渊问:‘圣人可学而至,然伯夷、伊尹于孔子才力终不同,其同谓之圣者安在?’先生曰:‘圣人之所以为圣,只是其心纯乎天理而无人欲之杂。犹精金之所以为精,但以其成色足而无铜铅之杂也。人到纯乎天理方是圣,金到足色方是精。然圣人之才力,亦有大小不同,犹金之分两有轻重。尧、舜犹万镒,文王、孔子犹九千镒,禹、汤、武王犹七、八千镒,伯夷、伊尹犹四、五千镒。才力不同,而纯乎天理则同,皆可谓之圣人。犹分两虽不同,而足色则同,皆可谓之精金。以五千镒者而入于万镒之中,其足色同也。以夷、尹而厕之尧、孔之间,其纯乎天理同也。盖所以为一精一金者,在足色,而不在分两。所以为圣者,在纯乎天理,而不在才力也。故虽凡人而肯为学,使此心纯乎天理,则亦可为圣人。犹一两之金比之万镒,分两虽悬绝,而其到足色处,可以无愧。故曰“人皆可以为尧、舜”者以此。学者学圣人,不过是去人欲而存天理耳。犹炼金而求其足色,金之成色所争不多,则锻炼之工省而功易成。成色愈下,则锻炼愈难。人之气质清浊粹驳,有中人以上、中人以下,其于道,有生知安行,学知利行,其下者必须人一已百,人十已千,及其成功则一。后世不知作圣之本是纯乎天理,欲专去知识、才能上求圣人,以为圣人无所不知,无所不能,我须是将圣人许多知识、才能逐一理会始得。故不务去天理上着工夫,徒弊精竭力,从册子上钻研，名物上考索，形迹上比拟。知识愈广而人欲愈滋，才力愈多而天理愈蔽。正如见人有万镒精金，不务锻炼成色，求无愧于彼之精纯，而乃妄希分两，务同彼之万镒，锡、铅、铜、铁杂然而投，分两愈增而成色愈下，既其梢末，无复有金矣。’”。

❾ 王阳明撰，邓艾民注：《传习录注疏》第1版，上海：上海古籍出版社，2012年。“德章曰：‘闻先生以精金喻圣，以分两喻圣人之分两，以锻炼喻学者之功夫，最为深切；惟谓尧舜为万镒，孔子为九千镒，疑未安。’先生曰：‘此又是躯壳上起念，故替圣人争分两。若不从躯壳上起念，即尧、舜万镒不为多，孔子九千镒不为少。尧、舜万镒，只是孔子的；孔子九千镒，只是尧、舜的，原无彼我。所以谓之圣，只论“精一”，不论多寡。只要此心纯乎天理处同，便同谓之圣。若是力量气魄，如何尽同得？后儒只在分两上较量，所以流入功利。若除去了比较分两的心，各人尽着自己的力量精神，只在此心纯天理上用功，即人人自有，个个圆成，便能大以成大，小以成小，不假外慕，无不具足；此便是实实落落明善诚身的事。后儒不明圣学，不知就自己心地良能上体认扩充，却去求知其所不知，求能其所不能，一味只是希高慕大，不知自己是桀纣心地，动辄要做尧舜事业，如何做得？终年碌碌，至于老死，竟不知成就了个什么，可哀也已！’”

⑩ 引自 GAI《空城计》歌词。

⑪ [英]罗素:《西方哲学史》第 1 版,何兆武、李约瑟译,北京:商务印书馆,1976 年。“奇怪的是,民主国家政治上摒弃世袭主义,这在经济范围内几乎没有起丝毫影响。(在极权主义国家,经济权力已并入政治权力中。)我们仍旧认为理所当然,人应该把财产遗留给儿女。换句话说,虽然关于政治权力我们摒弃世袭主义,在经济权力方面却承认世袭主义。政治朝代消灭了,但是经济朝代活下去了。现下我既不是发议论赞成、也不是发议论反对这样不同地对待这两种权力,我仅仅是指出存在着这事情,而且大多数人都没有察觉。读者试想一想,由大宗财富产生的对他人生命的支配权要世袭,这在我们觉得多么自然,你就更能了解,像罗伯特·费尔默爵士那种人在国王权力问题上如何会采取同样的看法,而和洛克抱一致思想的人们所代表的革新又是如何之重大了。”费尔默是洛克时期主张君权神授、权力世袭的人。“要想了解费尔默的理论如何会得到人的相信,洛克的反对理论如何会显得有革命性,我们只消细想一下当时对王国的看法和现在对地产的看法是一样的。土地所有主持有种种重要的法权,主要的是选定谁待在该土地上的权力。所有权可以通过继承来传让,我们觉得继承到了地产的人,便对法律因而容许给他的一切特权有了正当要求资格。然而其实这人的地

位同罗伯特·费尔默爵士为其要求而辩护的那些君主们的地位一样。如今在加利福尼亚州有许多庞大地产,其所有权是西班牙王所实际赐予,或伪托是他所赐予。他所以有资格做出那样的赐予,无非是(一)因为西班牙信奉和费尔默的见解类似的见解,(二)因为西班牙人在交战中能够打败印地安人。然而我们还是认为受到他的赐予的那些人的后代继承人有正当的所有权。恐怕到将来,这事情会跟费尔默在今天显得一样荒诞吧。"

⑫ [美]伯尔曼:《法律与宗教》第1版,梁冶平译,北京:商务印书馆,2015年。"十六世纪以后,西方法获得新生的关键,在于这样一种新教观念:凭借上帝的恩宠,个人具有通过运用其意志来改变自然和创造新的社会关系的能力。新教这种个人意志观念成为近代财产法和契约法发展的核心。自然成为财产。经济关系变为契约。良心成了意志和意图。在早期天主教传统中,临终遗嘱一直是人通过慈善性赠与以拯救灵魂的手段,现在却变成一种支配社会关系和经济关系的手段。通过明白地表达自己的意志、意图,立遗嘱人可以处分其死后财产,企业家则可以契约形式安排其商业关系。只要不与良心相违,因此而产生的财产权和契约权就被看成是神圣不可侵犯的。良心赋予它们以神圣性。这样,国家的世俗化(就使之摆脱教会控制的严格意义而言)便伴之以财产

和契约的超俗化乃至神圣化。”

⑬ [英]弗里德里希·奥古斯特·哈耶克:《自由宪章》第1版,杨玉生、冯兴元、陈茅等译,北京:中国社会科学出版社,2012年。

⑭ 胡耀邦:《胡耀邦文选》第1版,北京:人民出版社,2015年。

⑮ [英]弗里德里希·奥古斯特·哈耶克:《自由宪章》第1版,杨玉生、冯兴元、陈茅等译,北京:中国社会科学出版社,2012年。

⑯ [法]卢梭:《论人类不平等的起源》第1版,高修娟译,上海:上海三联书店,2009年。

⑰ [英]弗里德里希·奥古斯特·哈耶克:《自由宪章》第1版,杨玉生、冯兴元、陈茅等译,北京:中国社会科学出版社,2012年。

⑱ 线性回归的最经典教科书例子是高尔顿研究的父子身高的回归关系。

⑲ [英]弗里德里希·奥古斯特·哈耶克:《自由宪章》第1版,杨玉生、冯兴元、陈茅等译,北京:中国社会科学出版社,2012年。

⑳ [英]弗里德里希·奥古斯特·哈耶克:《自由宪章》第1版,杨玉生、冯兴元、陈茅等译,北京:中国社会科学出版社,2012年。

㉑ [美]加里·斯坦利·贝克尔:《家庭论》第1版,王献生、王宇译,北京:商务印书馆,2011年。"其实,对于浪费或懒惰的孩子,如果父母对他们能少一些利他主义,那么,就是'浪子'也可以通过努力工作、勤俭节约来获得较多的馈赠和遗产。从本质上说,正是挥霍对父母利他主义的消极影响力,约束了孩子的行为。这一分析表明,与贫穷的父母相比,富有的父母对孩子的行为有更大的影响,因为富有的父母可以留下遗产。1776年弗吉尼亚州关于废除财产限定继承权的法令就是根据这一影响制定的。它指出:限定继承权'损害了青年人的道德,使其脱离并不服从他们的父母'。既然所有的父母通常都希望自己的孩子经常来看望自己,可是,为什么富有家庭的孩子比贫穷家庭的孩子能够更经常去看望他们的父母呢?一个合理的解释是,富有的父母通过对遗产权的控制,促使他们的孩子去讨好他们。"

㉒《论语》第1版,陈晓芬译注,北京:中华书局,2016年。

㉓ [美]罗伯特·诺奇克:《无政府、国家与乌托邦》第1版,何怀宏等译,北京:中国社会科学出版社,1991年。诺奇克的一个著名观点是,"一个人依据转让的正义原则从另外一个有资格拥有该持有物的人那里获取了一个持有物,这个人对这个持有物是有资格的"。由此他推论说,"一个儿童生长在一个拥有游泳池的家里,并且每天都使用它,即使他比家里没

有游泳池的儿童不是更应得的，这是不公平的吗？这样一种状况应该加以禁止吗？那么为什么要反对通过遗赠把游泳池转让给一个成人呢？”诺奇克在这里已经说了“不是更应得的”，本身已经蕴含了一个矛盾的价值判断。

㉔ [美]罗伯特·诺奇克:《经过省察的人生:哲学沉思录》第1版，严忠志、欧阳亚丽译，北京:商务印书馆，2007年。诺奇克在这本相对不那么著名的书的序言里提到之前观点时说，“我本人曾经撰写了一本在观点上别树一帜、我现在认为显得严重不足的政治哲学著作”。因此我们对理解他个人最终的成熟观点，当以最后这一本著作为主。

㉕ [美]罗伯特·诺奇克:《经过省察的人生:哲学沉思录》第1版，严忠志、欧阳亚丽译，北京:商务印书馆，2007年。

㉖ [法]托马斯·皮凯蒂:《21世纪资本论》第1版，巴曙松等译，北京:中信出版社，2014年。

㉗ 陈志武:《21世纪的资本为何不同》，微信公众号“陈志武论谈”。“在2013年发表的一份很有影响力的研究中，芝加哥大学Meyer和Sullivan两位教授发现，从2000年到2011年底，美国最富10%跟最穷10%的收入比累计增加了19%，原来前者的收入为后者的5.3倍，最近上升到6.4倍，也就是收入差距恶化了近1/5;可是，最富10%的人的消费跟最穷10%的人的消费比同期间下降了，2000年时前者的消费为

后者的4.2倍，最近下降到3.9倍。”

㉘ [英]马歇尔：《经济学原理》第1版，朱志泰译，北京：商务印书馆，1964年。

㉙ [法]托克维尔：《论美国的民主》第1版，董果良译，北京：商务印书馆，1997年。

㉚ 网络上有一段柴静采访丁仲礼的视频。且不论他们激辩的全球变暖问题，丁院士有一段话很到位：“我很乐观，我是地质学家，我研究几亿年来的环境气候演化，这不是人类拯救地球的问题，是人类拯救自己的问题，同拯救地球是没有关系的。地球用不着你拯救，地球温度比现在高十几度的时候有的是，地球二氧化碳浓度比现在高10倍的时候有的是，地球就是这么演化过来的，毁灭的只是物种、人类。”人类总是太自以为是。

㉛ 智人出现的时间远早于其统治地球的时间。《自然》刚把智人出现的时间又往前推了10万年，即距今315000年前。*Oldest Homo sapiens fossil claim rewrites our species' history*, www.nature.com, 2017-06-07.

㉜ [英]达尔文：《物种起源》第1版，周建人等译，北京：商务印书馆，1963年。“我应当先讲明白，是以广义的和比喻的意义来使用这一名词的，其意义包含着一生物对另一生物的依存关系。而且，更重要的，也包含着个体生命的保持以及它

们能否成功地遗留后代。两只狗类动物,在饥饿的时候,为了获得食物和生存,可以确切地说,就要互相斗争。但是,生长在沙漠边缘的一株植物,可以说是在抵抗干燥以争生存,虽然更适当地应该说,它是依存于湿度的。一株植物,每年结一千粒种子,但平均其中只有一粒种子能够开花结子,这可以更确切地说,它在和已经覆被在地面上的同类和异类植物相斗争。槲寄生依存于苹果树和少数其他的树,如果强说它在和这些树相斗争,也是可以的,因为如果一株树上生有此等寄生物过多,那株树就会衰弱而死去。但是如果几株槲寄生的幼苗密集地寄生在同一枝条上,那么可以更确切地说,它们是在互相斗争。因为槲寄生的种子是由鸟类散布的,所以它的生存便决定于鸟类,这可以比喻地说,在引诱鸟来吃它的果实借以散布它的种子这一点上,它就是在和其他果实植物相斗争了。在这几种彼此相通的意义中,为了方便,我采用了一般的名词——'生存斗争'。"

㉝《老子》第1版,汤漳平、王朝华译注,北京:中华书局,2014年。

㉞[英]达尔文:《物种起源》第1版,周建人等译,北京:商务印书馆,1963年。"由于这种斗争,不管怎样轻微的、也不管由于什么原因所发生的变异,只要在一个物种的一些个体同其他生物的以及同生活的物理条件的无限复杂关系中多少有利于它们,这些变异就会使这样的个体保存下来,并且一般

会遗传给后代。后代也因此而有了较好的生存机会,因为任何物种按时产生的许多个体,其中只有少数能够生存。我把每一个有用的微小变异被保存下来的这一原理称为'自然选择',以表明它和人工选择的关系。但是,斯潘塞先生所常用的措辞'最适者生存'更为确切,并且有时也同样方便。"

㉟ 汤漳平、王朝华译注《老子》第1版,北京:中华书局,2014年。

㊱ [英]理查德·道金斯:《自私的基因》第1版,卢允忠等译,北京:中信出版社,2012年。"用词稍雅一点,一个群体,如一个物种或一个物种中的一个种群,如果它的个体成员为了本群体的利益准备牺牲自己,这样的一个群体要比与之竞争的另一个将自己的自私利益放在首位的群体灭绝的可能性要小。因此,世界多半要为那些具有自我牺牲精神的个体所组成的群体所占据。这就是瓦恩·爱德华兹在其一本著名的书中公诸于世的'群体选择'理论。"这样一个貌似正确但是危险的理论,在《自私的基因》一书中受到了充分的驳斥。作者道金斯指出,自然选择或者说遗传的基本单位是基因,而不是物种中的种群或者个体。通过研究相同物种的生存机器之间的相互作用,并不能推论出在种群内有利他性的动机。

㊲ [英]理查德·道金斯:《自私的基因》第1版,卢允忠等译,北京:中信出版社,2012年。

㊳[英]理查德·道金斯:《自私的基因》第1版,卢允忠等译,北京:中信出版社,2012年。

㊴[英]理查德·道金斯:《自私的基因》第1版,卢允忠等译,北京:中信出版社,2012年。道金斯只是指出"我将论证选择的基本单位,也是自我利益的基本单位,既不是物种,也不是群体,严格来说,甚至也不是个体,而是遗传单位基因",因为他在后面又指回了这段话,"现在我们又回到了第一章结尾的地方。在那里我们已经看到,在任何称得上是自然选择的基本单位的实体中,我们都会发现自私性"。

㊵[英]理查德·道金斯:《自私的基因》第1版,卢允忠等译,北京:中信出版社,2012年。道金斯写到,"让我来重复并扩展一下对题目中'自私'一词的解释。这里的关键问题是:生命中哪一层次是自然选择的单位,有着不可避免的'自私'?自私的种属?自私的群体?自私的生物体?自私的生态系统?我们可以争论这些层次中大多数单位的自私性,它们还都曾被一些作者全盘肯定为自然选择的单位。但这都是错误的。如果一定要把达尔文主义简单概括为'自私的某物',通过这本书以令人信服的理由层层推理得出,这个'某物'只能是基因。这是我对标题的解释,无论你是否愿意相信推理本身"。他又写到,"我们认为,总的说来,进化在某种含糊的意义上似乎是件'好事',尤其是因为人类是进化的产物,而事实上

没有什么东西‘想要’进化。进化是偶然发生的，不管你愿意不愿意……”既然进化是偶然发生的，那么基因的自然选择也是偶然的，不管基因愿意不愿意，那又何来基因的自私心呢？而且凭什么一定要把达尔文主义简单概括为“自私的某物”呢？

㊶ [英]理查德·道金斯：《自私的基因》第1版，卢允忠等译，北京：中信出版社，2012年。“我希望这可以解决那些更严重的误解。尽管如此，我自己也在同样的地方发现了自己犯过的错误。这在第一章中的一句话可以看出来：‘我们可以尝试传授慷慨和利他，因为我们生而自私。’传授慷慨与利他并没有错误，但‘生而自私’则可能产生误解。我直到1978年才开始想清楚‘载体’(一般是生物体)和其中的复制因子(实际上便是基因，第二版中新加入的13章解释了这个问题)之间的区别。请你在脑海里删除类似这句话的错误句子，并在字里行间补充对的含义。”

㊷ [英]理查德·道金斯：《自私的基因》第1版，卢允忠等译，北京：中信出版社，2012年。

㊸ [英]理查德·道金斯：《自私的基因》第1版，卢允忠等译，北京：中信出版社，2012年。

㊹ [美]凯文·凯利：《科技想要什么》第1版，熊祥译，北京：中信出版社，2011年。“我厌恶发明一些其他人不使用的字

眼，不过就本例而言，所有已知的选项都未能反映所需的范畴。因此我勉强创造了一个词汇来指代环绕我们周围的科技系统，这个系统涵盖范围更广，具有全球性和大范围的相关性。这个词汇就是技术元素（technium）。技术元素不仅指硬件，而且包括文化、艺术、社会制度以及各类思想。它包含无形的事物，例如软件、法律和哲学概念。最重要的是，它包括人类发明所具有的'繁殖'动力，这种动力促进新工具的制作和新的科技发明，鼓励不同技术进行沟通以实现自我改进。""人类创造了技术元素，于是希望对其施加自己的影响。不过，我们慢慢才明白，系统——所有系统——产生自我推动力。技术元素是人类思维的产物，因而也是生命的产物，甚至是最初导致生命出现的物理和化学自组织的产物。与技术元素共享深层次根基的不仅有人脑，还有古生物和其他自组织系统。正如思维必须遵循认知规律及支配生命和自组织的定律一样，技术元素也必须服从思维、生命和自组织——包括人脑——的定律。所以，在施加于技术元素的各层次影响因素之外，人脑才是唯一的，甚至也许是最弱的。技术元素遵从我们的设想，以完成我们试图引导它们去完成的任务为目标。但是在这些驱动力之外，技术元素有它自己的需求。它要梳理自己，自我组合成不同层次，就像大多数内部关联度很高的大型系统一样。技术元素还追求所有生命系统所追求的：使自己永存，永不停息。随着它发展壮大，这些内部需求的复杂度和力度将加强。”

㊺ [英]卡尔·波普尔：《客观的知识：一个进化论的研究》第1版，舒炜光、卓如飞、梁咏新等译，杭州：中国美术学院出版社，2003年。[美]凯文·凯利：《科技想要什么》第1版，熊祥译，北京：中信出版社，2011年。波普尔有一个认识论的第三世界的观点：“如果不过分认真地考虑‘世界’或‘宇宙’一词，我们就可区分下列三个世界或宇宙：第一，物理客体或物理状态的世界；第二，意识状态或精神状态的世界，或关于活动的行为意向的世界；第三，思想的客观内容的世界，尤其是科学思想、诗的思想以及艺术作品的世界。”凯文·凯利的“第七王国”也类似。

㊻ [英]达尔文：《物种起源》第1版，周建人等译，北京：商务印书馆，1963年。

㊼ 倪匡说过，“人类之所以有进步的主要原因是下一代不听上一代的话”。

㊽ [古希腊]亚里士多德：《政治学》第1版，颜一、秦典华译，北京：中国人民大学出版社，2003年。

㊾ [美]鲁思·本尼迪克特：《菊与刀》第1版，吕万和、熊达云、王智新译，北京：商务印书馆，1990年。“要想理解日本人，首先必须弄清他们的‘各得其所’（或‘各安其分’）这句话的

含义。他们对秩序、等级制的信赖,与我们对自由、平等的信仰犹如南北两极。”

㊿ [美]赫伯特·马尔库塞:《单向度的人》第1版,刘继译,上海:上海译文出版社,2006年。“如果善和美、和平和正义既不能够从本体论的条件中推导出来,又不能够从具有科学合理性的条件中推导出来,那么它们在逻辑上就无权要求普遍的有效性和普遍的实现。从科学理性的角度看,它们属于偏好的范围。即使是亚里士多德和托马斯·阿奎那哲学重新复活也无法挽回这种局势,因为它预先就已受到科学理性的拒斥。这些观念的非科学特征必然削弱同已确立现实的对立。它们变成了单纯的理想,而它们具体的、批判的内容则消散到特定的伦理或形而上学氛围之中。”

51 Lo, Andrew (2004). *The Adaptive Market Hypothesis: Market Efficiency from an Evolutionary Perspective*, Journal of Portfolio Management. 5. 30:15-29.

52 [芬兰]E. A. 韦斯特马克:《人类婚姻史》第1版,李彬译,北京:商务印书馆,2002年。

53 [英]亚当·斯密:《道德情操论》第1版,王秀莉等译,上海:上海三联书店,2008年。“可以把正义准则比作语法规则,有关其他美德的准则可以比作评论家们鉴定文学作品是否杰出或优秀时订立的准则。前者是一丝不苟的、精确的、不可缺少的,后者是不严谨的、含糊不清的、不明确的,而且告诉我们的与其说是如何尽善尽美的、绝对无疑的指导,还不如说是有关我们应该希望接近完美的一般设想。一个人可以根据绝对可靠的语法规则来写作,因而,或许他可以学会公正行事。但是,却没有任何一种准则能绝对可靠地引导我们写出杰出或优秀的文学作品来,尽管有些文学评判准则可以在某种程度上帮助我们纠正和弄清楚我们对完美抱有的其他一些模糊想法。同样,虽然某些准则能帮助我们在某些方面纠正和弄清楚我们对美德可能抱有的一些不完善的想法,但却没有任何一种准则可以绝对无误地来教会我们在一切场合谨慎、非常宽宏大量或十分仁慈地行动。"

54 [英]弗里德里希·奥古斯特·哈耶克:《自由宪章》第1版,杨玉生、冯兴元、陈茅等译,北京:中国社会科学出版社,2012年。书中似乎漏了"思想"两字,疑为印刷错误。

55 [法]孟德斯鸠:《论法的精神》第1版,许明龙译,北京:商务印书馆,2012年。

56 《论语》第1版,陈晓芬译注,北京:中华书局,2016年。

57 [法]孟德斯鸠:《论法的精神》第1版,许明龙译,北京:商务印书馆,2012年。

58 [美]亨利·基辛格:《世界秩序》第1版,胡利平译,北京:中信出版社,2015年。"任何一种世界秩序体系若要持久,必须被视为是正义的，不仅被各国领导人所接受，也被各国公民所接受。它必须反映两条真理：第一，没有自由的秩序即使靠一时的鼓噪得以维持，最终也会制造出反对自己的力量；第二，没有一个维持和平的秩序框架，就不会有自由，即使有也难以长久。秩序和自由有时被说成是人类体验的两个极端，其实二者应被视为一种相互依存的关系。"当我们说到自由的时候，一般总是在人际关系的语境下，和国际关系中的情况是相通的。

59 黄徽：《对冲基金到底是什么》（全新修订版）第1版，杭州：浙江大学出版社，2015年。

60 据《华尔街见闻》报道，巴克莱银行分析发现，2011年至2016年5月，对冲基金的累计阿尔法为负值。

61 [英]阿瑟·刘易斯：《经济增长理论》第1版，刘易斯译，北京：商务印书馆，2009年。

62 [法]亨利·柏格森：《创造进化论》第1版，姜志辉译，北京：商务印书馆，2004年。

63 在下围棋时，黑方由于先手占有一定的优势，为了公平起见，在最后计算双方所占地的多少时，黑棋必须扣减一定的目数或子数。1949年日本规定黑方贴4目半。从1955年起，黑棋贴目从4目半改为5目半。韩国率先在大多数棋赛中改用6目半。中国也从2002年起，全部改贴3又3/4子（相当于7目半)。日本2003年开始全部采用6目半。但即使是7目半,按胜率统计来看黑方仍有优势。

64 [美]约瑟夫·熊彼特:《经济发展理论:对于利润、资本、信贷、利息和经济周期的考察》第1版,何畏等译,北京:商务印书馆,1990年。

65 [英]马歇尔:《经济学原理》第1版,朱志泰译,北京:商务印书馆,1964年。

66 [美]约瑟夫·熊彼特:《资本主义、社会主义与民主》第1版,吴良健译,北京:商务印书馆,2009年。

67 [法]托马斯·皮凯蒂:《21世纪资本论》第1版,巴曙松等译,北京:中信出版社,2014年。

68 [法]托马斯·皮凯蒂:《21世纪资本论》第1版,巴曙松等译,北京:中信出版社,2014年。

69 [法]托马斯·皮凯蒂:《21世纪资本论》第1版,巴曙松等译,北京:中信出版社,2014年。

70 股权溢价之谜(equity premium puzzle),见 https://en.wikipedia.org/wiki/Equity_premium_puzzle。

71 [英]亚当·斯密:《国富论》第1版,杨敬年译,西安:陕西人民出版社,2001年。

72 [英]马歇尔:《经济学原理》第1版,朱志泰译,北京:商务印书馆,1964年。

⑦③ [奥]路德维希·冯·米塞斯:《人的行为》第1版,夏道平译,上海:上海社会科学院出版社,2015年。

⑦④ [德]席勒:《审美教育书简》第1版,张玉能译,南京,译林出版社,2009年。

⑦⑤ [美]卡尔·M·卡普:《游戏,让学习成瘾》第1版,陈阵译,北京:机械工业出版社,2015年。从电脑游戏的角度出发的更长的定义比如"游戏是一个系统,玩家们在其中执着于抽象的任务,任务由规则、互动性和反馈界定,产出量化结果,并经常伴有情绪反应"。

⑦⑥ 马克思、恩格斯:《马克思恩格斯选集》第1版第1卷(《雇佣劳动与资本》),中共中央马克思恩格斯列宁斯大林著作编译局编译,北京:人民出版社,1995年。

⑦⑦ 马克思、恩格斯:《马克思恩格斯选集》第1版第1卷,中共中央马克思恩格斯列宁斯大林著作编译局编译,北京:人民出版社,1995年。

⑦⑧ [以]尤瓦尔·赫拉利:《人类简史》第1版,林俊宏译,北京:中信出版社,2014年。"这样的采集经济,能让大多数人都过着比在农业或工业社会中更有趣的生活。像是现在,如果在血汗工厂工作,每天早上大约7点就得出门,走过饱受污染的街道,进到工厂用同一种方式不停操作同一台机器,时间长达10小时,叫人心灵整个麻木。等到晚上7点回家,还

得再洗碗、洗衣服。而在3万年前，如果是个采集者，可能是在大约早上8点离开部落，在附近的森林和草地上晃晃，采采蘑菇、挖挖根茎、抓抓青蛙，偶尔还得躲一下老虎。但等到中午过后，他们就可以回到部落煮午餐。接下来还有大把的时间，可以聊聊八卦、讲讲故事、跟孩子玩，或者就是放松放松。当然，有时候是会碰上老虎或蛇没错，但从另一方面来说，当时他们倒也不用担心车祸或工业污染。”

79 http://selfdeterminationtheory.org/theory/.

80 刘建鸿：《能不能用物质奖励孩子?》，《财新周刊》2016年第30期。同作者在知乎上有类似答案。

81 [美]马克·吐温：《汤姆·索亚历险记》，雷晓红、于晓光译．合肥：安徽文艺出版社，1999年。

82 马克思、恩格斯：《马克思恩格斯选集》第1版第1卷，中共中央马克思恩格斯列宁斯大林著作编译局编译，北京：人民出版社，1995年。

83 [美]埃里克·施密特、[美]乔纳森·罗森伯格、[美]艾伦·伊格尔：《重新定义公司》第1版，靳婷婷译，北京：中信出版社，2015年。

84 [美]埃里克·施密特、[美]乔纳森·罗森伯格、[美]艾伦·伊格尔：《重新定义公司》第1版，靳婷婷译，北京：中信出版社，2015年。

(85) [美]埃里克·施密特、[美]乔纳森·罗森伯格、[美]艾伦·伊格尔:《重新定义公司》第1版,靳婷婷译,北京:中信出版社,2015年。

(86) [美]费正清、[美]费维恺:《剑桥中华民国史》第1版,刘敬坤译,北京:中国社会科学出版社,1994年。“共产党人从这些措施所激起的民众怨恨中得到了充分的好处。他们避免采取中央政府对待东北人民的那种倨傲态度,处处都尽可能使用当地人才。大多数从张作霖和张学良的旧东北军中幸存下来的部队,就像张学良的弟弟张学思那样,转向了共产党。共产党将他们当作联军欢迎他们,并允许他们保留原貌,作为林彪全面指挥之下的一支非共产党部队。”

(87) [美]费正清、[美]费维恺:《剑桥中华民国史》第1版,刘敬坤译,北京:中国社会科学出版社,1994年。“民众的支前网尤其是他们取得成功的不可缺少的要素。马车、独轮车和扁担成了共产党供应线上的主要运输工具,它突出地应验了一句古老的格言,原始的东西,只要用得上,就比用不上的现代化东西好。共产党人在最近便的人力物力资源的基础上,精巧地制成了他们的战争机器。其结果是,他们的民众人力网络为维持他们的军事行动提供了必不可少的后勤和情报支持,最终使政府军原先所享有的人数、训练和物质上的优势化为乌有。”

⑧⑧ [美]费正清、[美]费维恺:《剑桥中华民国史》第1版,刘敬坤译,北京:中国社会科学出版社,1994年。

⑧⑨ [英]路德维希·维特根斯坦:《文化和价值》第1版,黄正东、唐少杰译,南京:译林出版社,2014年。

⑨⓪ [英]毛姆:《刀锋》第1版,周熙良译,上海:上海译文出版社,2003年。"你没法说它是什么,你也没法说它不是什么。它是无法表达的。印度称它为大梵天。它是无在而无所不在。万物都蕴涵它,仰藉它。它不是人,不是物,不是因。它没有属性。它凌驾在久与变之上,整体和部分之上,有限与无限之上。它是永恒的,因为它的完善和时间无关。它是真理和自由。"

⑨① 《说文解字》第1版,许慎撰,徐铉校订,北京:中华书局,2013年。

⑨② 《老子》第1版,汤漳平、王朝华译注,北京:中华书局,2014年。

⑨③ 钱穆:《人生十论》第2版,北京:生活·读书·新知三联书店,2012年。我对美和善做这样的理解和区分,看来和钱穆相似。"美与真同是宇宙之一体。中国人不大说到真,又不大说到美。中国人只说自然,只说性,而赞之曰神。这便已真能欣赏了宇宙与自然之美,而且已欣赏到其美之最高处。现在剩下一个要特别一提的,只是一个善。真是全宇宙性

的，美是全宇宙性的，而善则似乎封闭在人的场合里。……宇宙整个是一个真，是一个美，同时又还是一个善。其实是真的、美的，哪还有不善呢？而中国人偏要提此善字，正因为中国人明白这些，尽在人的场合中说人话。”

94 [古希腊]柏拉图：《理想国》第1版，张竹明译，南京：译林出版社，2009年。在这里请让我借用柏拉图《理想国》的“日喻”。柏拉图对苏格拉底说，“真理和知识都是美的，但善的理念比这两者更美——你承认这一点是不会错的。正如我们前面的比喻可以把光和视觉看成好像太阳，而不就是太阳一样，在这里我们也可以把真理和知识看成好像善，但是不能把它们看成就是善”。在这里柏拉图把真理和知识作为可以道、可以名的善，而用善来指称终极的美。可以说，他说的善就是我说的大美、至善；而他说的真理和知识，是认识到的美，即我所说的善。

95 [英]毛姆：《月亮和六便士》第1版，傅惟慈译，上海：上海译文出版社，2014年。“为什么你认为美——世界上最宝贵的财富——会同沙滩上的石头一样，一个漫不经心的过路人随随便便地就能够捡起来？美是一种美妙、奇异的东西，艺术家只有通过灵魂的痛苦折磨才能从宇宙的混沌中塑造出来。在美被创造出以后，它也不是为了叫每个人都能认出来的。要想认识它，一个人必须重复艺术家经历过的一番冒险。他唱给你的是一个美的旋律，要是想在自己心里重新听一遍就必须有知识、敏锐的感觉和想象力。”

96 钱穆：《阳明学述要》第1版，北京：中国盲文出版社，2015年。

97 [英]毛姆：《刀锋》第1版，周熙良译，上海：上海译文出版社，2003年。毛姆的小说《刀锋》中写到，“如果一个至善和万能的上帝创造了世界，为什么他又要创造恶呢？神父们说，这是为了使人克服自己恶的本性，抵拒诱惑，把痛苦和忧患作为上帝用以洗刷自己的考验来接受，使自己终于配得上享受上帝的恩典。这就像派个人送封信到某地去，然后在他必经之路上造一个迷阵，使他不容易通过，又挖一条壕沟，使他要游过去，最后又造一道城墙使他攀爬过去。我不相信全能的上帝会没有常识。我不懂得为什么你们不能设想一个并没有创造世界的上帝，而是尽力而为的上帝，比人类好得多、聪明得多、伟大得多，在和一个不是由他创造的恶斗争，而且说不定最后会战胜恶。但是话又说回来了，我也说不出为什么你们应当信仰这样一个上帝。……可是，为什么上帝不在一开始就创造一个没有痛苦和不幸的世界，使人决定自己的行动时没有功过可言呢？印度教徒会说开始是没有的。个人灵魂与天地同存，从古如斯，它的善恶则由以前的生存决定”。在这里我对毛姆的设问给出了答案，上帝没有创造恶，丑恶只是人心的判断。

(98)《孟子》第1版，万丽华、蓝旭译注，北京：中华书局，2007年。

(99)［德］艾·弗洛姆：《爱的艺术》第1版，李键鸣译，上海：上海译文出版社，2008年。“要求想掌握这门艺术的人有这方面的知识并付出努力”，“像学其他的艺术——如音乐、绘画、木工或者医疗艺术和技术一样的行动”。

(100)［英］路德维希·维特根斯坦：《文化和价值》第1版，黄正东、唐少杰译，南京：译林出版社，2014年。

(101)［英］罗素：《西方哲学史》第1版，何兆武、李约瑟译，北京：商务印书馆，1976年。

(102)［美］罗兰·米勒、［美］丹尼尔·珀尔曼：《亲密关系（第5版）》第1版，王伟平译，北京：人民邮电出版社，2011年。

(103)李零：《丧家狗：我读〈论语〉》第1版，太原：山西人民出版社，2007年，第231页。“樊迟问仁。子曰：‘爱人。’”

(104)可参见Paul Bloom的耶鲁大学公开课*morality of everyday life*。

(105)李零：《丧家狗：我读〈论语〉》第1版，太原：山西人民出版社，2007年，第140页。“子贡曰：‘如有博施于民而能济众，何如？可谓仁乎？’子曰：‘何事于仁，必也圣乎！尧、舜其犹病诸！夫仁者，己欲立而立人，己欲达而达人。能近取譬，可谓仁之方也已。’”

(106)［英］罗素：《为什么我不是基督教徒》第1版，徐奕春、胡溪、渔仁译,北京:商务印书馆,2012年。

107 巴克莱:《马可福音注释》第1版,中国香港:基督教文艺出版社,1982年,第327页。这个故事在另一篇《马太福音》里又讲述了一遍:"耶稣就对树说:'从今以后,你永不结果子!'那无花果树就立刻枯干了。"

108 《老子》第1版,汤漳平、王朝华译注,北京:中华书局,2014年。

109 http://www.ted.com/,译文参考《第一财经周刊》报道。

110 [印]克里希那穆提:《一生的学习》第2版,张南星译,深圳:深圳报业集团出版社,2010年。

111 马克思、恩格斯:《马克思恩格斯选集》第1版,第3卷,中共中央马克思恩格斯列宁斯大林著作编译局编译,北京:人民出版社,2004年。

112 [美]保罗·萨缪尔森、[美]威廉·诺德豪斯:《经济学》第19版,萧琛等译,北京:商务印书馆,2012年。

113 [美]保罗·萨缪尔森、[美]威廉·诺德豪斯:《经济学》第19版,萧琛等译,北京:商务印书馆,2012年。

114 [美]彼得·蒂尔、[美]布莱克·马斯特斯:《从0到1:开启商业与未来的秘密》第1版,高玉芳译,北京:中信出版社,2015年。"1906年,经济学家维尔弗雷多·帕累托提出了后来的'帕累托法则',也叫80—20法则。这是因为他发现意大利80%的土地掌握在20%的人手里——这个现象就好像他花园里20%的豌豆荚产出了占总量80%的豌豆一样自然。这个异乎寻常的以少胜多的模型在自然世界和人类社会中随处可见。比如最有破坏力的地震比所有小地震加起来造成的破坏还严重,最大的城市比所有微型城市加起来还要大,垄断企业捕获的价值比几百万大同小异的竞争者所捕获的还要多。不管爱因斯坦有没有说过那些话,幂次法则(power law)都是宇宙的法则,是宇宙最强大的力量,之所以会取这样的名字,是因为指数方程描述的是最不平均的分配。它完整定义了我们周围的环境,而我们几乎毫无察觉。"传说爱因斯坦曾经说过,复利是世界第八大奇迹。

115 [美]拉斯洛·博克:《重新定义团队:谷歌如何工作》第1版,宋伟译,北京:中信出版社,2012年。

116 Xavier Gabaix, *Power Laws in Economics: An Introduction*, Journal of Economic Perspectives, Volume 30, Number 1, Winter 2016, 185—206.

117 [美]奥利弗·E.威廉姆森、[美]西德尼·G.温特:《企业的性质》第1版,姚海鑫等译,北京:商务印书馆,2010年。科斯在诺贝尔经济学奖获得者演讲中说,"我在1937年的论文中指出,在一个竞争性的体系中,存在着计划的最优状态,因为企业作为一个小型的计划社会得以继续存在的唯一前提是,其执行协调功能的成本低于通过市场交易方式达成目标发生的成本，并且低于其他企业执行同样功能的成本。一个有效的经济系统不仅需要市场，而且需要适度规模组织内的计划领域。这种混合应该是什么样的，我们发现是竞争的结果。这就是我在1937年论文中提出的观点”。年轻的科斯，“无论如何想象不到这些观点在大约60年后竟成为摘取诺贝尔奖的主要依据”。

118 [以]尤瓦尔·赫拉利:《人类简史》第1版，林俊宏译，北京：中信出版社，2014年。

119 [美]约瑟夫·熊彼特:《经济发展理论：对于利润、资本、信贷、利息和经济周期的考察》第1版，何畏等译，北京：商务印书馆，1990年。“生产意味着把我们所能支配的原材料和力量组合起来。……我们把新组合的实现称为‘企业’，把职能是实现新组合的人们称为‘企业家’。这些概念比通常的广一些，同时又比通常的窄一些。广一些，是因为首要的，我们所叫作的企业家，不仅包括在交换经济中通常所称的‘独立的’生意人，而且也包括所有的实际上完成我们用来给这个概念下定义的那种职能的人，尽管他们是——现在逐渐变成通例——一家公司的‘依附的’雇用人员，例如经理、董事会成员等等；或者尽管他们完成企业家职能的实际权力具有任何其他的基础，例如控制大部分的股权。由于是实现新组合才构成一个企业家，所以他不一定要同某个别厂商有永久的联系；许多的‘金融家’、‘发起人’等就不是同某些具体厂商有永久的联系，但他们仍然可以是我们所说的企业家。另一方面，我们的概念比传统的概念要窄一些，它并不包括各个厂商的所有的头目们或经理们或工业家们，他们只是经营已经建立起来的企业，它只是包括实际履行那种职能的人们。”

⑫⓪《孙子兵法·孙膑兵法》第1版，骈宇骞等译注，北京：中华书局，2006年。

⑫①[美]保罗·萨缪尔森、[美]威廉·诺德豪斯：《经济学》第19版，萧琛等译，北京：商务印书馆，2012年。“事实上，研究经济增长的经济学家已经发现，无论是穷国还是富国，经济增长的发动机必定安装在相同的四个轮子上。这四个轮子或者说经济增长的要素就是：人力资源（劳动供给、教育、技能、纪律、激励），自然资源（土地、矿产、燃料、环境质量），资本（工厂、机器、道路、知识产权）和技术变革（创新科学、工程、管理、企业家才能）。”

⑫②[美]约瑟夫·熊彼特：《经济发展理论：对于利润、资本、信贷、利息和经济周期的考察》第1版，何畏等译，北京：商务印书馆，1990年。

⑫③[日]大前研一：《专业主义》第1版，裴立杰译，北京：中信出版社，2006年。“对医疗器械厂商和制药公司而言，医生和医院的事务部门为直接的顾客，顾客的顾客则是患者。……反

言之，通过考虑顾客的顾客，可以把兴趣领域扩展到其他行业，这就为重新审视现有的方法提供了契机，并且有可能赢得机会，为直接的客户提供独特的价值。”

⑫④ [印]莫罕达斯·卡拉姆昌德·甘地：《甘地自传》第1版，钟杰译，北京：北京联合出版公司，2014年。

⑫⑤ [美]约瑟夫·熊彼特：《经济发展理论：对于利润、资本、信贷、利息和经济周期的考察》第1版，何畏等译，北京：商务印书馆，1990年。“资本，无非是一种杠杆，凭借着它，企业家可以使他所需要的具体商品受他的控制，无非是把生产要素转用于新用途，或引向新的生产方向的一种手段。这是资本唯一的职能，这种职能使资本在资本主义经济机体中的地位被完整地刻画出来。……因此，我们将对资本定义为可以在任何时候转交给企业家的一宗支付手段的数额。”

⑫⑥ [美]约瑟夫·熊彼特：《经济发展理论：对于利润、资本、信贷、利息和经济周期的考察》第1版，何畏等译，北京：商务印书馆，1990年。

⑫⑦ [美]约瑟夫·熊彼特：《经济发展理论：对于利润、资本、信贷、利息和经济周期的考察》第1版，何畏等译，北京：商务印书馆，1990年。

⑫⑧ 陈志武：《金融的逻辑》第1版，北京：国际文化出版公司，2009年。“到今天，按照我的定义，金融的核心是跨时间、跨

空间的价值交换，所有涉及价值或者收入在不同时间、不同空间之间进行配置的交易都是金融交易，金融学就是研究跨时间、跨空间的价值交换为什么会出现、如何发生、怎样发展，等等。”

⑫⑨ [奥]路德维希·冯·米塞斯:《货币、方法与市场过程》第1版，戴忠玉、刘亚平译，北京：新星出版社，2007年，第224页。“市场就是民主，每一便士都获得了投票的权利，这一点已为一些杰出的经济学家注意到。”

⑬⓪ [英]弗雷德里希·奥古斯特·冯·哈耶克:《通往奴役之路》第1版，王明毅等译，北京：中国社会科学出版社，1997年。“并且因为常常影响着各种商品供求条件的变化的细节，绝不可能由任何一个中心对它加以充分的了解，或很快地把它收集起来或传播出去，这时候需要的是某种记录工具，自动地记录所有的个人活动的有关结果，于是这些记录信息便同时既是一切个人决定的结果，又是一切个人决定的指南。在竞争之下价格体系所提供的正是这种记录，而且这种任务没有任何其他东西可望完成。价格体系使企业家只要像工程师注重少数仪表的指针那样，注视较少数的价格变动，就可调整他们的活动以适应他们同行的行动。”

⑬① Brad M. Barber and Terrance Odean, *Trading Is Hazardous to Your Wealth: The Common Stock Investment Performance of Individual Investors*, Journal of Finance, VoL. LV, No. 2, April 2000.

⑬² [美]奥尔森:《权力与繁荣》第1版,苏长和译,上海:上海人民出版社,2005年。

⑬³ Becker, Sascha O. and Ludger Woessmann, *Was Weber wrong? A human capital theory of protestant economic history*, Quarterly Journal of Economics 124. 2. 有些观点说因为韦伯指出的新教伦理与资本主义精神的关系,所以发展经济还是需要有基督教信仰。实在是本末倒置。近来的学术研究认为,重要的其实不是信仰,而是教育。新教地区经济之所以繁荣是因为阅读《圣经》的教学促进了对经济繁荣至关重要的人力资本,也就是前面说的知识的传播。19世纪普鲁士的数据表明,新教不仅和经济繁荣相关,也和更好的教育相关。新教地区的高识字率解释了所有的经济繁荣上的差别。

⑬⁴ [孟]穆罕默德·尤努斯:《穷人的银行家》第1版,吴士宏译,北京:生活·读书·新知三联书店,2006年。尤努斯和他的格莱珉银行为贫困的孟加拉妇女提供小额贷款业务。贷款者利用贷款购买工具和设备开办自己的实业,不仅可以避免中间商的盘剥,而且可以通过自我创业的方式改变生活状况。

⑬⁵ [美]安格斯·迪顿:《逃离不平等:健康、财富及不平等的起

源》第1版，崔传刚译，北京：中信出版社，2014年。“与初衷极为矛盾的援助就是我们所做的阻碍贫穷国家发展的事情之一。在撒哈拉以南的非洲国家以及其他一些国家，国外的援助规模巨大，这不但破坏了当地的体制制度，也熄灭了它们的长期繁荣之火。为了建立反共或者反恐联盟，很多的对外援助被用来维系当地的榨取型政客或政治制度的统治。这样带附加条件的援助只是为了实现我们自己的利益，而让贫穷国家的普通人遭到剥削和伤害。我们对此视而不见，并假装是在帮助他们，令他们更加雪上加霜。来自外国的大量援助，足以瓦解腐蚀那些本可能对人民有益的政治家和政治制度。”

136 [美]安格斯·迪顿：《逃离不平等：健康、财富及不平等的起源》第1版，崔传刚译，北京：中信出版社，2014年。“但贫穷国家真正应该做的是那些已经在富裕国家被证明有效的事情。这些已经富强起来的国家，以其各自的方式，在各自的时代背景与独有的政治与经济结构之下实现了发展。没有任何人给过它们援助，也没有任何人为它们出钱，让它们去推行维护出资人利益的政策。我们现在需要做的，是保证没有挡住这样贫穷国家发展的道路。我们需要让贫穷国家自我发展，不予干预，或者说得更明确一点，我们不要再做那些阻碍它们发展的事情了。”

137 [德]马克斯·韦伯:《经济与社会》第1版,阎克文译,上海:上海人民出版社,2010年。"权力就是在一种社会关系内部某个行动者将会处在一个能够不顾他人的反对去贯彻自身意志的地位上的概率,不管这种概率的基础是什么。"

138 王沪宁:《政治的逻辑:马克思主义政治学原理》第1版,上海:上海人民出版社,2004年。

139 [英]伯特兰·罗素:《权力论》第1版,吴友三译,北京:商务印书馆,1991年。

140 [德]马克斯·韦伯:《学术与政治:韦伯的两篇演说》第2版,冯克利译,北京:生活·读书·新知三联书店,2005年。"从原则上说,内在的理据——即基本的正当支配类型——有三。首先,是从'永恒的昨日'的权威,即通过源头渺不可及的古人的承认和人们的习于遵从,而被神圣化了的习俗的权威。昔日的家长制和世袭君主所实行的,就是这种'传统的'支配。还有一种不同寻常的个人神崇(我称之为'超凡魅力')型的权威,它来自极端的个人献身精神,个人对救赎、对英雄业绩的信念,或其他一些个人领袖的素质。这种'超凡魅力型'的支配,由先知们实行,在政治领域,则是由推举产生的战争头领、靠民众直接认可而当政的统治者、伟大的群众煽动家或政党领袖所实行。最后,是依靠'法制',依靠对法律条款之有效性和客观性'功能'的信任而实行的支配。

这些法律，则是以理性方式建立的规则为基础的。在这种情况下，凡是合乎法规的职责履行，都可望得到服从。实行这种支配的，是近代的‘国家官吏’，以及所有那些在这方面同他类似的权力拥有者。”

141 [美]穆来纳森、沙菲尔：《稀缺：我们是如何陷入贫穷与忙碌的》第1版，魏薇、龙志勇译，杭州：浙江人民出版社，2014年。“带宽就是心智的容量，包括两种能力，分别为认知能力和执行控制力。稀缺会降低所有这些带宽的容量，致使我们缺乏洞察力和前瞻性，还会减弱我们的执行控制力。”

142 [德]马克斯·韦伯：《学术与政治：韦伯的两篇演说》第2版，冯克利译，北京：生活·读书·新知三联书店，2005年。

143 [加]贝淡宁：《贤能政治：为什么尚贤制比选举民主制更适合中国》第1版，吴万伟译，北京：中信出版社，2016年。

144 [美]丹尼尔·卡尼曼：《思考，快与慢》第1版，胡晓姣等译，北京：中信出版社，2012年。和系统1、系统2的思维方式或许有对应关系。

145 [美]西恩·贝洛克：《具身认知：身体如何影响思维和行为》第1版，李盼译，北京：机械工业出版社，2016年。

146 [德]马克斯·韦伯：《学术与政治：韦伯的两篇演说》第2版，冯克利译，北京：生活·读书·新知三联书店，2005年。韦伯关于暴力的正当性似乎与宗教战争的历史有关。他写到，

"不过，一般而言，新教教义认为国家作为一种神赐的制度，暴力作为一种手段，是绝对正当的"。

147 [德]马克斯·韦伯：《学术与政治：韦伯的两篇演说》第 2 版，冯克利译，北京：生活·读书·新知三联书店，2005 年。"对支配的经营要有持续的行政管理，这要求人的行为服从那些声称拥有正当权力的主人。另一方面，支配的经营需要通过这种服从，控制一些在既定情况下行使暴力不可缺少的物质资源。因此，支配的经营需要控制一批幕僚和物质的行政工具。这批幕僚，外在地看代表着政治支配的组织。"

148 [英]约翰·洛克：《政府论·下篇》，叶启芳、瞿菊农译，北京：商务印书馆，1996 年。

149 [美]彼得·M·布劳：《社会生活中的交换与权力》第 1 版，李国武译，北京：商务印书馆，2008 年。"权力是使一个个体或群体有可能协调许多其他人努力的资源，而合法权威是使这样的大规模的协调努力有可能成为一个稳定的组织的资源。"

150 [英]约翰·洛克：《政府论·下篇》，叶启芳、瞿菊农译，北京：商务印书馆，1996 年。

151 洛书，韩鹏杰：《周易全书》第 1 版，北京：团结出版社，1998 年。"天地之大德曰生，圣人之大宝曰位。何以守位？曰仁。何以聚人？曰财。理财正辞，禁民为非，曰义。"

⑮② [美]约翰·罗尔斯:《正义论》第1版,何怀宏等译,北京:中国社会科学出版社,2009年。

⑮③ [美]罗伯特·诺奇克:《无政府、国家和乌托邦》第1版,姚大志等译,北京:中国社会科学出版社,2008年。

⑮④ [美]亚伯拉罕·马斯洛:《动机与人格(第3版)》第1版,许金声等译,北京:中国人民大学出版社,2007年。

⑮⑤ [英]伯特兰·罗素:《权威与个人》第1版,储智勇译,北京:商务印书馆,2010年。和罗素的观点相似,"政府,从它存在的最早时代起就一直有两种职能,一种是消极的,另一种是积极的。政府的消极职能在于防止私人暴力,保护生命财产,制定刑法并保障其实施。但是除此以外,它还一直有一种积极目的,即促使对大多数公民而言的共同愿望的实现"。

⑮⑥ [美]埃克林·欧林·赖特:《阶级分析方法》第1版,马雷、吴菲等译,上海:复旦大学出版社,2011年。

⑮⑦ [美]凡勃仑:《有闲阶级论——关于制度的经济研究》第1版,蔡受百译,北京:商务印书馆,2011年。

⑮⑧ [美]穆来纳森、沙菲尔:《稀缺:我们是如何陷入贫穷与忙碌的》第1版,魏薇、龙志勇译,杭州:浙江人民出版社,2014年。"稀缺不仅仅是实质上的约束,也是一种心态。……举例来说,贫穷状态会比彻夜不眠对人的认知能力产生的影响更大。产生这个问题的原因并不是穷人的带宽不及富人,而是

因为贫困的经历会降低任何一个人的带宽。”

159 [英]弗里德里希·奥古斯特·哈耶克:《自由宪章》第1版,杨玉生、冯兴元、陈茅等译,北京:中国社会科学出版社,2012年。

160 [英]弗里德里希·奥古斯特·哈耶克:《自由宪章》第1版,杨玉生、冯兴元、陈茅等译,北京:中国社会科学出版社,2012年。

161 [德]马克斯·韦伯:《新教伦理与资本主义精神》第1版,马奇炎、陈婧译,北京:北京大学出版社,2012年。“事实上,这种伦理中的‘至善’就是赚取更多的钱与严格避免任何本能的生活享乐的结合,因而它完全没有任何幸福的调味剂可言,更不用说享乐主义了。它是纯粹为了赚钱而赚钱,从个人幸福和功利的视角来看,它完全是超验的,也绝对是非理性的。人们完全被赚钱和获利所掌控,并将其作为人生的终极目标。”

162 [德]马克斯·韦伯:《新教伦理与资本主义精神》第1版,马奇炎、陈婧译,北京:北京大学出版社,2012年。“整个世界存在的目的就是为了上帝的荣耀而服务,并且这是唯一的目的。被选召的基督徒在这世上唯一的任务就是尽自己最大的能力去履行上帝的戒律,从而增添上帝的荣耀。与这一目的相一致的是,上帝还要求基督徒们取得社会成就,因为上帝是根据他的戒律来支配社会生活的。”

163 [德]马克斯·韦伯:《新教伦理与资本主义精神》第1版,马奇炎、陈婧译,北京:北京大学出版社,2012年。“上帝预定有些人和天使得永生,而其余的人则受永死。”

164 [德]马克斯·韦伯:《新教伦理与资本主义精神》第1版,马奇炎、陈婧译,北京:北京大学出版社,2012年。“在现代的经济秩序下,只要是合法赚钱,就可以被看作一种遵守天职美德的结果和发挥天职能力的表现。”

165 汤漳平、王朝华译注《老子》第1版,北京:中华书局,2014年。“朝甚除,田甚芜,仓甚虚;服文彩,带利剑,厌饮食,财货有余,是为盗夸。非道也哉!”

166 钱穆:《阳明学述要》第1版,北京:中国盲文出版社,2015年。“又问:‘静坐用功,颇觉此心收敛,遇事又断了。旋起个念头去事上省察,事过又寻旧功。还觉有内外,打不作一片。’先生曰:‘此格物之说未透,心何尝有内外?……人须在事上磨练做功夫,乃有益。’”

167 钱穆:《阳明学述要》第1版,北京:中国盲文出版社,2015年。“至善只是此心纯乎天理之极便是。心即理也,此心无私欲之蔽,即是天理,不须外面添一分。以此纯乎天理之心,发之事父便是孝,发之事君便是忠,发之交友治民便是信与仁,只在此心‘去人欲,存天理’上用功便是。”

168 有趣的是,《韦氏词典》里,despise 的唯一反义词是 love,而 love 的几个反义词中却没有 despise。

169 根据 CAD 模型,轻蔑源于社会性道德,而厌恶源于圣洁性道德,两者是不同的。Rozin, P. , Lowery, L. , Imada, S. , & Haidt, J. , *The CAD triad hypothesis : A mapping between three moral emotions (contempt, anger, disgust) and three moral codes (community, autonomy, divinity)*, Journal of Personality and Social Psychology, 4.

170 [美]约翰·戈特曼、[美]娜恩·西尔弗:《幸福的婚姻》第 1 版,刘小敏译,杭州:浙江人民出版社,2014 年。戈特曼定义了给婚姻带来致命伤害的四骑士,“通常,这四位骑士会按照下面的顺序依次闯入婚姻的心脏地带:批评、鄙视、辩护和冷战。……任何形式的鄙视(它是四位骑士中最坏的)都能毒害夫妻关系,因为它表达了人的厌恶之情。让配偶知道你讨厌对方,实际上并不能解决你们之间的问题。鄙视必然会导致更多的冲突,而不是和解。”

171 电视剧《天道》中,主人公丁元英说,“只要是需要证明的感情就有错误”。

172 小说《天龙八部》中,段誉单恋王语嫣,游坦之单恋阿紫。两个人都非常痴情,为什么结局不同呢?正是因为阿紫鄙视游坦之,而王语嫣并不鄙视段誉。

⑰③ 对于猩猩等动物的实证研究，参见耶鲁大学公开课 *Morality of Everyday Life*。

⑰④《论语》第1版，陈晓芬译注，北京：中华书局，2016年。

⑰⑤ [德]艾·弗洛姆：《爱的艺术》第1版，李健鸣译，上海：上海译文出版社，2008年。

⑰⑥ [德]艾·弗洛姆：《爱的艺术》第1版，李健鸣译，上海：上海译文出版社，2008年。

⑰⑦ [英]约翰·密尔：《论自由》，许宝骙译，北京：商务印书馆，2009年。"我在这里所争论的一点是，一个人若只在涉及自己的好处而不影响到与他发生关系的他人的利益的这部分行为和性格上招致他人观感不佳的判定，他因此而应承受的唯一后果只是与那种判定密切相连的一些不便。"

⑰⑧ 电视剧《天道》中的台词，"想要干好事，记住两句话：别把自己太当人，别把别人太不当人了"。

⑰⑨ [法]埃米尔·迪尔凯姆：《自杀论》第1版，冯韵文译，北京：商务印书馆，2009年。"在这种情况下，自杀必须被列为不道德的行为，因为自杀从基本原则上否定了人类一心追求的这个目标。有人说，自杀的人只是伤害他自己，而社会根据愿望不构成伤害(Volenti non fit injuria)这条古老的准则并没有介入。这是错误的。社会受到了损害，因为今天作为最受尊重的道德准则的基础、几乎是联系社会成员唯一纽带的

感情受到了伤害,而且如果可以随意造成这种伤害的话,这种感情就会变得软弱无力。如果道德意识在这种感情遭到破坏时不提出抗议,那么这种感情怎么能保持最低限度的权威呢?自从人身被看成而且应该被看成一种神圣的东西、个人和群体都不能任意处置之时起,任何对人身的伤害都应该被禁止。哪怕伤害者和受害者是同一人,仅仅从采取这种行为的人本身受到这种行为的损害来说,这种行为给社会造成的损害也不会消失。"迪尔凯姆的解释需要讲到给社会造成的损害,在我看来太绕了。

180 演员蒋欣在博客中写到"演员=货品":"今日去探班,看到许多演员资料堆积在导演工作台上,被很多人翻来看去的,使我联想到一个词:货品。没错,是货品!被人挑中,于是验货,一番讨价还价后,要么成交,要么甩手走人!!成交后,质量好,就有更多机会,质量不好,对不起,要么改行,要么……于是就有了所谓的潜规则!!!!多悲哀的职业!被动,被动,永远都被动!!!!多少次问自己:除了演戏,你还能干什么?!多少次苦笑自己的无能!只喜欢演戏、也只会演戏的傻姑娘!!!!!选择这行,只能默默忍受做一辈子'货品'……"

181 [德]康德:《实践理性批判》第1版,韩水法译,北京:商务印书馆,1999年。

182 金庸:《天龙八部》,北京:生活·读书·新知三联书店,1999

年。举一个鄙视人和物化人的例子:“阿紫见游坦之奄奄一息,死多活少,不禁扫兴。想到萧峰对自己那股爱理不理的神情,心中百般的郁闷难宣,说道:‘抬了下去罢!这个人不好玩!室里,还有什么别的玩意儿没有?’”

183 [英]弗里德里希·奥古斯特·哈耶克:《致命的自负》第1版,冯克利等译,北京:中国社会科学出版社,2000年。“创造财富不仅仅是个物质过程,也不能用因果链来解释。对这种活动起决定作用的,不是任何头脑都能掌握的客观的自然事实,而是千百万种分散的不同信息,它们结晶为价格,以此引导人们进一步做出决定。”

184 王沪宁:《政治的逻辑:马克思主义政治学原理》第1版,上海:上海人民出版社,2004年。

185《老子》第1版,汤漳平、王朝华译注,北京:中华书局,2014年。

186 [美]鲁思·本尼迪克特:《菊与刀》第1版,吕万和、熊达云、王智新译,北京:商务印书馆,1990年。日本是一个对鄙视特别敏感的民族,同时又有鄙视的古老习俗。“不用说,近代日本的中学及军队中上述事态之所以具有这种性质,来自日本古老的嘲笑和侮辱习俗。日本人对这类习俗的反应也并非中等以上学校和军队创造的。不难看出,在日本由于有‘对名分的情义’的传统规范,嘲弄行为的折磨人就比在美国更难忍受。尽管受嘲弄的集团到时候会依次虐待另一个受难集团，但这并不能防止那个被侮辱的少年千方百计要对虐待者进行报复，这种行为方式和日本的古老模式也是一致的。”理解这个鄙视和反鄙视的怪圈循环，可以帮助我们理解日本。

187 [美]J. R. 麦克法夸尔、[美]费正清：《剑桥中华人民共和国史》第1版，谢亮生等译，北京：中国社会科学出版社，1990年。“毛说：‘人这种动物很有趣’，‘稍有一点优越条件就觉得了不起’。”

188 反对鄙视也是电影中永恒的主题。美国电影中有一些俗套的桥段，主人公经常会在酒吧里和两个或者更多的小混混们打一架。在打架之前，素不相识的人总是要坐在吧台先建立一个鄙视关系，由此赋予参与打架的主人公以正义感。在美国西部电影中，坏人总是要在片头鄙视妇女和儿童。

189 王瑞锋、李倩：《刺死辱母者》，《南方周末》，2017年3月23日，第3版。

190 [美]罗兰·米勒、[美]丹尼尔·珀尔曼：《亲密关系 第5版》第1版，王伟平译，北京：人民邮电出版社，2011年。对于安全依恋理论的质疑参见：[美]杰罗姆·凯根：《人性火花：人类发展科学》第1版，何子静译，北京：机械工业出版社，2015年。

191 举个安全依恋的例子：最近有个女生问我，“女生太过主动是不是会把对方吓跑?”吓跑对方的不是主动,而是焦虑。

192 耶鲁大学公开课 *Morality of Everyday Life*。

193 [英]瑞·蒙克:《维特根斯坦传:天才之为责任》第1版,王宇光译,杭州:浙江大学出版社,2011年。“这是一部平庸的剧作,但其中的某个角色表述了这种思想:无论世界上发生什么,没有任何坏的事情能发生在他身上。他独立于命运和环境。这种斯多葛式的思想强烈地打动了维特根斯坦,他对马尔科姆说,他第一次看到了宗教的可能性。尽其余生他都一直把‘绝对安全’的感觉当作典型的宗教体验。”

194 据我观察,整容也有类似的“彼得原理”。彼得原理说,在各种组织中,由于习惯于对在某个等级上称职的人员进行晋升提拔,因而雇员总是趋向于被晋升到其不称职的岗位。推论是每一个职位最终都将被一个不能胜任其工作的职工所占据。类似的,姑娘们往往会不断地去整容,最终直到把自己整变形为止。

195 [美]凡勃仑:《有闲阶级论——关于制度的经济研究》第1版,蔡受百译,北京:商务印书馆,2011年。“严格地说,除了基于歧视性的金钱上的对比所做出的消费之外,别的消费都不应当列入明显浪费范围。”

196 [美]凡勃仑:《有闲阶级论——关于制度的经济研究》第1版,蔡受百译,北京:商务印书馆,2011年。“在明显消费的整个演变过程中,不论从财物、劳务或人类生活方面来看,其间一个显存的含义是,为了有效地增进消费者的荣誉,就必须从事奢侈的、非必要的事物的消费。要博取好名声,就不能免于浪费。”

197 请参考知乎问题“钻石是20世纪全球最精彩的营销骗局吗?真的没有价值?”

198 [英]蒂姆·哈福德:《卧底经济学》第1版,赵恒译,北京:中信出版社,2006年。《卧底经济学》里说“星巴克的卡布其诺之所以有相当可观的利润空间,既不是因为咖啡的质量,也不是因为它的员工,最重要的因素是位置、位置、位置”。这可以解释星巴克的溢价的大部分原因,但在中国的情况里仍不全面,另外还有部分溢价可以归因于鄙视溢价。

199 参见BBC纪录片《蒙娜丽莎的诅咒》,网易公开课。

200 [美]迈克尔·刘易斯:《说谎者的扑克牌》第1版,孙忠译,北京:中信出版社,2009年。

201 [英]亚当·斯密:《国富论》第1版,杨敬年译,西安:陕西人民出版社,2001年。“有一些非常令人愉快和优美的才能,其拥有者能得到某种赞赏;但是为了利得而施展这种才华,出于理性或偏见,被认为是出卖色相。因此,对于用这种方式表演其才华的人的金钱报酬,必须既足以补偿在获取这种才能时所耗费的时间、劳动和金钱,还足以补偿运用这种才能作为谋生手段时所蒙受的屈辱。演员、歌剧演唱家、歌剧舞蹈家等所得高昂的报酬就是基于这两个原则：才能的稀缺和美妙、以这种方式运用才能的耻辱。我们一方面鄙视他们的人品，一方面又以最丰厚的方式酬谢他们的才能，骤看起来似乎是荒谬的。可是，我们这样做时，就必须那样做。如果公众舆论对这类职业的偏见有所改变，那么他们的货币报酬很快就会减少。更多的人会要求操这种职业，竞争会迅速降低他们劳动的价格。这类才能虽然远远不是普通的，却也决不像人们想象的那么稀罕。许多人拥有的这种才能是完满无缺的，但却鄙视这样去施展它；还有许多人是能够获得这种才能的，如果能通过运用它而光荣地有所收获的话。”

202 陈志武主持的量化历史研究基于数据发现，“实际上在我们研究的清代妻妾价格中，买来做妻子的价格比买来做妾的价格要低很多。开始看到这个差价觉得怎么反了？后来一想就是斯密讲的道理：你买我过去做妾，地位和权利都少于妻子，那对不起，你必须付更高价格先补偿这种牺牲！”

203 [法]托克维尔：《旧制度与大革命》第1版，王千石译，北京：九州出版社，2013年。“当一个人越过界线，平民成了贵族，他就脱离了原阶级，成了享受特权的另一个阶级，于是，原阶级就开始讨厌他，因为他的特权让原阶级自惭形秽。所以，平民可以成为贵族的制度，丝毫没有减弱平民对贵族的仇恨，反而使仇恨无限增加了，尤其是新贵，更是招来了原阶级最强烈的嫉妒。……在某些省，旧世袭贵族鄙视新贵，而旧贵族也被新贵排斥，因为新贵觉得旧贵族也就多存在了几代，其他什么都不是。……资产阶级也像贵族阶级一样，他们和普通大众截然分开，就像贵族和他们截然分开一样。……贵族们极端蔑视严格意义上的行政当局，尽管他们不时有求于它。”

204 [法]亚利西斯·德·托克维尔：《旧制度与大革命》第1版，马晓佳译，长沙：湖南人民出版社，2013年。“之所以会发生革命，并不总是因为本来好好的国家腐朽了，而且越来越糟糕。而是民众开始意识到，原本他们所受到的那些苦难是来自国家给他们的压迫，而一旦减轻压力，他们就会立刻反叛。被革命摧毁的制度，几乎无一例外都比它之前的制度要好，而且根据经验，衰败的制度最危险的时刻，通常是它开始改革的时候。”

205 [意]尼科洛·马基雅维里：《君主论》第1版，潘汉典译，北京：商务印书馆，1985年。马基雅维里在“论应该避免受到蔑视与憎恨”一节中写到，“这条总纲就是正如前面已经稍微提到的，君主必须考虑怎样避免那些可能使自己受到憎恨或者轻视的事情。如果他能够避免这些事情，他就尽到自己的本分了，即使有其他丑行也不会有什么危险”。

206 星云大师:《金刚经讲话》第1版,北京:新世界出版社,2008年。"复次须菩提,是法平等,无有高下,是名阿耨多罗三藐三菩提。以无我、无人、无众生、无寿者,修一切善法,即得阿耨多罗三藐三菩提。须菩提!所言善法者,如来说即非善法,是名善法。"

207 [美]乔万尼·萨托利:《民主新论》第1版,冯克利、阎克文译,上海:上海人民出版社,2009年。

208 [法]托克维尔:《论美国的民主》第1版,董果良译,北京:商务印书馆,1988年。说平等先于自由的,"在大部分现代国家,尤其是在欧洲的所有国家,对于自由的爱好和观念,只是在人们的身份开始趋于平等的时候,才开始产生和发展起来的,并且是作为这种平等的结果而出现的。而最致力于拉平自己的臣民等级的,正是那些专制的君主。在这些国家里,平等先于自由而存在。因此,当自由还是新鲜事物的时候,平等已是存在很久的事实"。

熊培云:《自由在高处》第1版,北京:新星出版社,2011年。说自由先于平等的,"那么,什么是法国大革命带来的普世价值?它首先关乎《人权宣言》,以及作为法兰西共和国立国之基的'自由、平等、博爱'等精神。值得注意的是,此三元价值不只是动人的口号,也不只是简单的并列,更有逻辑上的传承与递进。它是一个有序的价值链,简而言之——有自由方有平等,有平等乃有博爱”。

像这样去讨论自由和平等的先后,隐含假设了它们都是可以企及的目标。其实自由和平等是两个并不正交的同样可趋于无穷的维度。换句话说,只有更平等和更自由,却永没有绝对的平等和绝对的自由。好像数学上的极限可以无限靠近而永远不能到达,没有可以一蹴而就或者一劳永逸获取的绝对的自由和平等。人类社会在不断地趋向于更平等和更自由,过程中或许有迂回反复,但在这两个维度上的大的趋势都是不变的。这个历史规律是由前面讨论过的迷因进化的自然选择决定的。

209 [美]阿拉斯戴尔·麦金太尔:《追寻美德:道德理论研究》第2版,宋继杰译,南京:译林出版社,2011年。“因此,诸美德就要被理解为这样一些性好,它们不仅能维系实践,使我们能够获得实践的内在利益,而且还会通过使我们能够克服我们所遭遇的那些伤害、危险、诱惑和迷乱,而支持我们对善做某种相关的探寻,并且为我们提供越来越多的自我认识和越来越多的善的知识。”

210 星云大师:《金刚经讲话》第1版,北京:新世界出版社,2008年。

211 在网络上流传的知乎神回复合集中,有这样一个问答:“最能燃起你学习激情的一句话是什么?你不能把这个世界让给你所鄙视的人。”显然我完全不同意其逻辑。你鄙视他，已经是你的不对了。

212 陈一铭:《硅谷最受欢迎的情商课》第1版，北京:中信出版社，2013年。面对心力的稀缺，我们可以像体育锻炼一样通过禅修提高心力。“在健身房，你锻炼身体是为了让自己获得更好的体能。如果练习举重，你将变得更加强壮。如果定期慢跑，你会跑得更快并且能够跑得更远。同样，禅修就像训练你的意识，使它获得更多的心智能力。比如，如果你做很多禅修练习，你的心灵会变得更平静、更有知觉力，你能够更持久、更稳定地集中注意力，等等。”

[美]索甲仁波切:《西藏生死书》第1版，郑振煌译，杭州:浙江大学出版社，2011年。“佛教禅师知道心多么有弹性和可塑性。如果我们训练它，什么事都办得到。”

213 引自李宗盛《山丘》歌词。

214 中国社会科学院语言研究所编:《新华字典》第9版，北京:商务印书馆，2001年。“格【5】推究:～物”。

215 汪丁丁:《行为经济学讲义:演化论的视角》第1版，上海:上海人民出版社，2011年。“[Giloba and Schmeidler, 1995, QJE]。这篇文章是行为经济学的经典文献，因为它提供了有限理性假设下关于幸福感的一个普遍适用的模型，有希望取代新古典效用理论。根据他们的模型，一个人毕生的幸福感,也就是他试图最大化的目标函数,可以表示为一连串事件。”

216 梁冬、吴伯凡:《欢喜》第1版,北京:中信出版社,2012年。“心智模式是一种思维定势,指我们在行动和表达的时候暗中遵循却又没有意识到的那个套路,管理大师彼得·圣吉就非常推崇‘心智模式’的概念。”

217 李零:《丧家狗:我读〈论语〉》第1版,太原:山西人民出版社,2007年。

218 [美]曼瑟·奥尔森:《国家的兴衰:经济增长、滞胀和社会僵化》第1版,李增刚译,上海:上海人民出版社,2007年。“如果每个家庭平均有两个孩子结婚,那么在上一代中的每个家庭到下一代的时候就成为两个,那么过不了几代,即使原本可以获得最大分享权的家庭能够分得的收益也会少得可怜。分利联盟在以后几代中保持其价值的唯一方式就是限制成员子女同另一个集团成员的子女结婚,否则就要剥夺其子女的大部分继承权。我猜想,印度的种姓制度主义采用的是第一种方法。……我断言,那些研究在具有明显阶级壁垒的社会中不同社会阶层之间跨代流动壁垒的学者,将会发现早期种姓等级制度的起源。……另一方面,个人组成的分利联盟有时候会从歧视中获益良多。根据含义8,任何方便排外的集团差异都是有利可图的。在仅仅一两代的时间内,通常可以认为集团差别是给定的，但在数世纪或上千年的时间内，它们不能被看作给定。在长期中，多代特殊利益集团倾向于族内通婚。这对于南非白人、印度的种姓和欧洲的贵族都同样是正确的。”

219 咪蒙，《我为什么支持实习生休学》，微信公众号“咪蒙”。

220 [英]毛姆：《月亮和六便士》第1版，傅惟慈译，上海：上海译文出版社，2014年。“伦敦我实在待腻了，天天做的事几乎一模一样，使我感到厌烦得要命。我的朋友们过着老一套的生活，平淡无奇，再也引不起我的好奇心了。有时候我们见了面，不待他们开口，我就知道他们要说什么话。就连他们的桃色事件也都是枯燥乏味的老一套。我们这些人就像从终点站到终点站往返行驶的有轨电车，连乘客的数目也能估计个八九不离十。生活被安排得太有秩序了。我觉得简直太可怕了。”

221 王安忆：《纪实与虚构》第1版，北京：人民文学出版社，2009年。“在我极小的时候，什么事都懵懵懂懂的时候，我就很想有爱情这一桩事。我变得多情而忧郁。这完全是一个原因造成的，那就是孤独。爱情是我愚蠢的少见识的头脑里唯一可想象的奇遇。……但是，我们对奇遇没有经验，不知道该怎么办才好。假如我们能互相鼓舞，或许还能有所发展。而我们都又脆弱、又胆怯，我们虽然有好奇心却没有牺牲精神。

而我这个人又是言语的巨人，行动的矮子。”

222 [法]圣·埃克苏佩里:《小王子》第1版，洪友译，北京:群言出版社，2006年。“第二天，小王子又来了。‘你最好在同一时间来，’狐狸说，‘比如说，如果你下午4点钟来，那么，我在3点钟就开始觉得幸福。时间越迫近，我就越来越觉得幸福。到4点时，我应该已经焦躁不安、上蹿下跳了。我将让你看到我是多么幸福！但是，如果你来的时间捉摸不定，我就永远不知道怎样做好心理准备迎候你……我们应该看到适当的仪式……’‘什么是仪式?’小王子问。‘仪式也是一种很不被重视的行为，’狐狸说，‘仪式能使我们的某一天、某一时刻显得与众不同。’”

223 黄徽:《对冲基金到底是什么》(全新修订版)第1版，杭州:浙江大学出版社，2015年。“我前阵子琢磨，幸福是不是有这么三层境界:第一层是猫吃鱼，狗吃肉，奥特曼打小怪兽;第二层是面朝大海，春暖花开，关心粮食和蔬菜;第三层是应无所住，而生其心如是布施。”

224 这段话在网络上流传甚广，但却都没有给出具体出处。

225 [美]乔纳森·海特:《象与骑象人:幸福的假设》(更新版)，李静瑶译，杭州:浙江人民出版社，2012年。“在影响一个人幸福与否的所有外在因素中，最重要的关系就是人际关系的好坏及多寡。”我比海特的说法还要更绝对一些，因为在他的书中，影响幸福的外在因素还列举了噪声、通勤等，而我认为那些完全不可同日而语。

226 马克思、恩格斯：《马克思恩格斯选集》(第1卷)，第1版，中共中央马克思恩格斯列宁斯大林著作编译局编译，北京：人民出版社，1995年。“人的本质不是单个人所固有的抽象物，在其现实性上，它是一切社会关系的总和。”

[美]塞缪尔·P.亨廷顿：《变化社会中的政治秩序》第1版，王冠华等译，上海：上海人民出版社，2008年。亨廷顿也写到“托克维尔法则”：“在统治人类社会的法则中，有一条最明确清晰的法则：如果人们想保持其文明或希望变得文明的话，那么，他们必须提高并改善处理相互关系的艺术，而这种提高和改善的速度必须和提高地位平等的速度相同。”

227 Zipf定律是美国学者G.K.齐普夫1935年提出的。

228 关于幸福感，我想举一个例子是美国电影《雨人》中汤姆·克鲁斯扮演的角色的幸福感体验随着剧情发展的变化。

229 [法]卢梭：《爱弥儿：论教育》，李平沤译，北京：商务印书馆，1978年。“不要相信那些世界主义者了，因为在他们的著作中，他们到遥远的地方去探求他们不屑在他们周围履行的义务。这样的哲学家之所以爱鞑靼人，为的是免得去爱他们的邻居。”

230 费孝通：《乡土中国》第1版，北京：人民出版社，2012年。“中国乡土社会的基层结构是一种我所谓的‘差序格局’，是一个

'一根根私人联系所构成的网络'。……从已向外推以构成的社会范围是一根根私人联系,每根绳子被一种道德要素维持着。社会范围是从'己'推出去的,而推的过程里有着各种路线,最基本的是亲属:亲子和同胞,相配的道德要素是孝和悌,'孝悌也者其为仁之本欤。'向另一路线推是朋友,相配的是忠信,'为人谋而不忠乎,与朋友交而不信乎?'"

231 原文及模拟程序源码参见 http://www.decisionsciencenews.com/2017/06/19/counterintuitive-problem-everyone-room-keeps-giving-dollars-random-others-youll-never-guess-happens-next/。

中文请参考知乎问题"房间内 100 个人,每人有 100 元,每分钟随机给另一个人 1 元,最后这个房间内的财富分布是怎样的?"由此可以推论出,财富不平等的加剧的一个重要原因是社会中交易的频率越来越高。在这个直观的例子中的网络拓扑结构是全连接的,而真实的人类社会是小世界网络。

汪丁丁:《行为经济学讲义:演化论的视角》第 1 版,上海:上海人民出版社,2011 年。"财富分配的幂律可由小世界社会网络和黏着偏好得到解释。"

232 古龙:《萧十一郎》第 1 版,珠海:珠海出版社,1995 年。"屋子里只要有个温柔体贴的女人,无论这个屋子是多么简陋都没有关系了。世上只有女人才能使一间屋子变成一个家,世上也只有女人才能令男人感觉到家的温暖。"

㉝《论语》第1版，陈晓芬译注北京：中华书局，2016年。

㉞ 汪丁丁：《行为经济学讲义：演化论的视角》第1版，上海：上海人民出版社，2011年。“界定术语的时候，他们视享乐主义的效用与‘幸福’等价，在这一基础上，享乐行为表现出下述的四项特征：(1)当突然降临的享乐延续并成为可持续的享乐时，它的效果随时间递减并成为习惯了的生活方式，这一特征称为‘习惯形成’；(2)一个人从经济的成功所能感受的幸福依赖于他可以参照的同伴们的成功程度，这一特征称为‘相邻比较’；(3)幸福感依赖于以往的经验和由这些经验形成的幸福预期，这一特征可称为‘历史依赖’；(4)虽然幸福感时起时落，但它倾向于回归到一个长期且稳定的水平，这一特征不妨称为‘长期均值’。”

㉟ 身高、体重、知识文化水平等比较显然是正态的，外貌也是正态分布的。虽然财富在全社会来看呈幂律分布，但是作为个体来讲，他的婚恋备选池一般是一个衍生自他的朋友圈的有限的样本空间。在这个小样本中财富的分布大致是个对数正态分布，也近似于正态。

㊱ 黄徽：《对冲基金到底是什么》(全新修订版)第1版，杭州：浙江大学出版社，2015年。“当保尔森在访谈中被问到他的投资哲学时，他说，第一，注意亏钱的那一边，赚钱的那一边会自己搞定(Watch the down side，the upside will take care of itself.)。而第二条其实是第一条的不同表述而已:赚钱不重要,重要的是不亏钱(Not about making money, it's about not losing money.)。"

237 [法]卢梭:《爱弥儿:论教育》,李平沤译,北京:商务印书馆,1978年。

238 [美]罗伯特·诺奇克:《经过省察的人生:哲学沉思录》第1版,严忠志、欧阳亚丽译,北京:商务印书馆,2007年。

239 [美]奥利弗·E.威廉姆森、[美]西德尼·G.温特:《企业的性质》第1版,姚海鑫等译,北京:商务印书馆,2010年。

图书在版编目（CIP）数据

有温度的资本论 / 黄徽著. —杭州：浙江大学出版社，2018.3

ISBN 978-7-308-17811-2

Ⅰ.①有… Ⅱ.①黄… Ⅲ.①经济社会学—文集 Ⅳ.①F069.9-53

中国版本图书馆 CIP 数据核字(2018)第 001997 号

有温度的资本论

黄　徽　著

责任编辑　曲　静
责任校对　杨利军　陈思佳　边望之
出版发行　浙江大学出版社
（杭州市天目山路 148 号　邮政编码 310007）
（网址：http://www.zjupress.com）
排　　版　杭州中大图文设计有限公司
印　　刷　浙江印刷集团有限公司
开　　本　880mm×1230mm　1/32
印　　张　6
字　　数　119 千
版 印 次　2018 年 3 月第 1 版　2018 年 3 月第 1 次印刷
书　　号　ISBN 978-7-308-17811-2
定　　价　42.00 元